COL

Pieds nus sur la terre sacrée

Textes rassemblés
par T. C. McLuhan (I-II)

Traduit de l'anglais (Canada)
par Michel Barthélémy

Gallimard

Le présent recueil est constitué des deux premières parties — « Le soleil du matin, la douce terre nouvelle et le grand silence » et « L'homme barbu qui vient de l'est » — de *Pieds nus sur la terre sacrée* (Éditions Denoël). Tous les textes sont présentés par T. C. McLuhan.

Titre original :
TOUCH THE EARTH

T. C. McLuhan, née et élevée à Toronto, a fait de nombreuses recherches pour des ouvrages traitant de la vie américaine. C'est la découverte de l'œuvre du photographe Edward S. Curtis (1868-1952), *The North American Indian*, qui conduisit T. C. McLuhan à refaire sur ses traces le périple qui l'avait entraîné d'une tribu indienne à l'autre à travers l'Arizona, le Nouveau-Mexique, la Californie, le nord de la Colombie-Britannique (Canada) et l'État de Washington. En parvenant, avec patience, à tisser des relations de confiance avec les nombreuses tribus qu'il avait rencontrées (plus de quatre-vingts), Curtis avait consacré trente ans de sa vie à photographier une civilisation en voie de disparition, rapportant plus de quarante mille clichés. Dans *Pieds nus sur la terre sacrée* (Denoël, 1974, nouvelle édition en 2011), T. C. McLuhan a poursuivi ce travail en réunissant et en présentant de nombreux textes, accompagnés de photographies de Curtis, appartenant au patrimoine écrit ou oral des Indiens d'Amérique du Nord.

Le présent volume reprend les deux premières parties de *Pieds nus sur la terre sacrée* (qui en compte quatre) : T. C. McLuhan donne dans le premier volet la parole aux membres de diverses tribus pour évoquer notamment leur existence en harmonie avec leur environnement naturel, considéré comme sacré. Les témoignages réunis dans la seconde partie traitent davantage de la mise en péril du mode de vie ancestral des Indiens d'Amérique du Nord par l'arrivée de l'homme blanc (anéantissement des troupeaux, invasion des terres), entraînant l'affaiblissement et la disparition de l'esprit de leurs peuples.

I

Le soleil du matin, la douce terre nouvelle et le grand silence

Nous avons toujours eu beaucoup ; nos enfants n'ont jamais pleuré de faim, notre peuple n'a jamais manqué de rien... Les rapides de Rock River nous fournissaient en abondance un excellent poisson, et la terre très fertile a toujours porté de bonnes récoltes de maïs, de haricots, de citrouilles et de courges... Ici était notre village depuis plus de cent ans pendant lesquels nous avons tenu la vallée du Mississippi sans qu'elle nous fût jamais disputée... Notre village était sain et nulle part, dans le pays, on ne pouvait trouver autant d'avantages ni de chasses meilleures que chez nous. Si un prophète était venu à notre village en ce temps-là nous prédire ce qui devait advenir, et qui est advenu, personne dans le village ne l'aurait cru.

Ma-ka-tai-me-she-kia-kiak
ou Black Hawk,
chef des Sauks et des Foxes.

Notre Sainte Mère la Terre, les arbres et toute la nature sont les témoins de vos pensées et de vos actions.

Proverbe winnebago.

Nous aimons la tranquillité ; nous laissons la souris jouer en paix ; quand les bois frémissent sous le vent, nous n'avons pas peur.

Chef indien au gouverneur de Pennsylvanie en 1796.

Né en 1868, le chef Luther Standing Bear passa ses premières années dans les plaines du Nebraska et du Dakota du Sud. À l'âge de onze ans, il fut l'un des premiers à s'inscrire à l'école indienne de Carlisle, en Pennsylvanie, ouverte en 1879. Au bout de quatre ans il devint instituteur et partit faire la classe dans la réserve de Rosebud dans le Dakota du Sud. En 1898 il se fit interprète pour le spectacle « Wild West Show » du cirque Buffalo Bill. Il passa les dernières années de sa vie à donner des conférences et à écrire. Dans ses récits, Standing Bear parle des Lakotas. C'est le nom tribal des bandes de l'ouest, les Tétons, maintenant connus comme les Sioux (les bandes de l'est se nomment elles-mêmes les Dakotas, et Lakota tend à se confondre avec Dakota).

Le Lakota était empli de compassion et d'amour pour la nature. Il aimait la terre et toutes les choses de la terre, et son attachement grandissait avec l'âge. Les vieillards étaient — littéralement — épris du sol et ne s'asseyaient ni ne se reposaient à même la terre sans le sentiment de s'approcher des forces maternelles. La terre était douce sous la peau et ils aimaient à ôter leurs mocassins et à marcher pieds nus sur la terre sacrée. Leurs tipis s'élevaient sur cette terre dont leurs autels étaient faits. L'oiseau qui volait dans les airs venait s'y reposer et la terre portait, sans défaillance, tout ce qui vivait et poussait. Le sol apaisait, fortifiait, lavait et guérissait.

C'est pourquoi les vieux Indiens se tenaient à même le sol plutôt que de rester séparés des forces de vie. S'asseoir ou s'allonger ainsi leur permettait de penser plus profondément, de sentir plus vivement ; ils contemplaient alors avec une plus grande clarté les mystères de la vie et ils se sentaient plus proches de toutes les forces vivantes qui les entouraient…

Ces relations qu'ils entretenaient avec tous les êtres sur la terre, dans le ciel ou au fond des rivières étaient un des traits de leur existence. Ils avaient un sentiment de fraternité envers le monde des oiseaux et des animaux qui leur gardaient leur confiance. La familiarité était si étroite entre certains Lakotas et leurs amis à plumes ou à fourrure, que, tels des frères, ils parlaient le même langage.

Le vieux Lakota était un sage. Il savait que le cœur de l'homme éloigné de la nature devient dur ; il savait que l'oubli du respect dû à ce qui pousse et à ce qui vit amène également à ne plus respecter l'homme. Aussi maintenait-il les jeunes gens sous la douce influence de la nature.

*

Ohiyesa, ou Charles Eastman, écrivain et médecin Santee Dakota, naquit en 1858 près de Redwood Fall dans le Minnesota. Quatre ans plus tard, après le Massacre du Minnesota de 1862, il s'enfuit avec son oncle au Canada où il vécut la vie nomade des Sioux jusqu'à l'âge de quinze ans. En 1887, il réussit ses examens au Dartmouth College et trois ans plus tard, il obtint le diplôme de médecin de l'Université de Boston. Il servit trois années comme médecin du gouvernement à l'Agence de Pine Ridge dans le Dakota du Sud, au moment des troubles de la danse des esprits ; après quoi il devint praticien privé. C'est à cette époque qu'il commença à écrire et à donner des conférences. Son premier livre, « Indian Boyhood » (Enfance indienne), parut en 1902. Ohiyesa est peut-être le plus célèbre des écrivains indiens américains. Il mourut en 1939.

Je sais que notre peuple possédait des pouvoirs remarquables de concentration et d'abstraction, et je me demande parfois si le fait d'être aussi proche de la nature, tel que je l'ai décrit, garde l'esprit sensible aux impressions peu communément ressenties, et en contact avec les pouvoirs invisibles. Certains d'entre nous semblaient avoir une singulière intuition quant à l'emplacement d'une tombe ; ils l'expliquaient en disant qu'ils étaient entrés en communication avec l'esprit du défunt. Ma grand-mère était de ce nombre, et aussi loin que je me souvienne, lorsque nous campions dans un pays inconnu, mon frère et moi cherchions et trouvions des ossements humains à l'endroit qu'elle nous avait indiqué comme étant un lieu de sépulture ou l'emplacement où un guerrier isolé était tombé. Bien sûr, tout signe extérieur de sépulture était depuis longtemps effacé.

*

Ce discours fut tenu à l'occasion d'un conseil indien dans la vallée de Walla-Walla en 1855, conseil présidé par Isaac Stevens, gouverneur du territoire de Washington, et par le général Palmer, surintendant des Affaires indiennes pour l'Oregon. L'objectif du gouverneur Stevens était de délimiter trois réserves : une première pour les Cayuses, les Walla-Wallas et les Umatillas ; une seconde pour les Nez-Percés et une troisième pour les Yakimas. Young Chief, des Cayuses, s'opposa au traité en invoquant le fait que les Indiens n'avaient aucunement le droit de vendre la terre que le Grand Esprit leur avait donnée pour support. Voici le discours qu'il tint avant de signer la vente de leur terre :

Je me demande si la terre a quelque chose à dire. Je me demande si le sol écoute ce qui se dit. Je me demande si la terre est venue à la vie et ce qu'il y a dessous. J'entends pourtant ce que dit la terre. La terre dit : « C'est le Grand Esprit qui m'a placée ici. Le Grand Esprit me demande de prendre soin des

Indiens, de bien les nourrir. Le Grand Esprit a chargé les racines de nourrir les Indiens. » L'eau dit la même chose : « Le Grand Esprit me dirige. Nourris bien les Indiens. » L'herbe dit la même chose : « Nourris bien les Indiens. » La terre, l'eau et l'herbe disent : « Le Grand Esprit nous a donné nos noms. » La terre dit : « Le Grand Esprit m'a placée ici pour produire tout ce qui pousse sur moi, arbres et fruits. » De même la terre dit : « C'est de moi que l'homme a été fait. » Le Grand Esprit, en plaçant les hommes sur terre, a voulu qu'ils en prissent bien soin, et qu'ils ne se fissent point de tort l'un à l'autre...

*

Le Sénat des États-Unis a ratifié en 1859 un traité signé avec les Indiens Yakimas en 1855 à Walla-Walla. Le traité donnait aux Indiens la propriété de certaines terres, tout en en cédant d'autres aux États-Unis. En appel, la Cour Suprême rejeta le traité (dans un vote partagé) en faveur des Indiens. L'affaire fut rappelée. Aux environs de 1915, le chef Weninock, des Yakimas, fit, comme témoin, la déclaration citée ici. En fin de compte, les Indiens eurent gain de cause et se firent reconnaître le droit de pêcher sans être inquiétés là où ils en avaient l'habitude.

Dieu créa la terre, la terre des Indiens, et c'est comme s'il avait déployé une grande couverture. Il mit les Indiens dessus. Ils furent créés ici, parole d'honneur, et cela se passa au temps où cette rivière commença à couler. Puis Dieu créa les poissons de cette rivière et mit des daims dans les montagnes et fit des lois qui permirent au poisson et au gibier de proliférer. Ensuite le Créateur nous donna, à nous Indiens, la vie ; nous allâmes, et aussitôt que nous avons vu le poisson et le gibier, nous avons su qu'ils étaient faits pour nous. Dieu a fait les racines et les baies pour que les femmes les ramassent, et les Indiens ont crû et multiplié en un peuple.

Lorsque nous avons été créés, une terre nous a été donnée pour y vivre et, depuis ce temps, tels ont été nos droits. Tout ceci est vrai. Nous avions le poisson avant la venue des missionnaires, avant la venue de l'homme blanc. Nous avons été placés ici par le Créateur et tels ont été nos droits aussi loin que remonte ma mémoire jusqu'à mon grand-père. Ceci fut la nourriture dont nous nous nourrissions. Ma mère ramassait les baies, mon père pêchait et tuait le gibier. Ces paroles sont les miennes et elles sont sincères. Ma force vient du poisson, mon sang vient du poisson, des racines et des baies. Le poisson et le gibier sont l'essence de ma vie. Je n'ai pas été amené d'un pays étranger et je ne suis pas venu ici. J'ai été placé ici par le Créateur.

Nous n'avions ni bétail, ni porcs, ni céréales ; seulement des baies, des racines, du gibier et du poisson. Nous n'avons jamais pensé que nous pourrions être inquiétés à propos de ces choses, et je vous le dis, mon peuple, et je le crois, ce n'est pas mal à nous de prendre cette nourriture. Au début de chaque saison j'élève mon cœur en remerciant le Créateur de sa générosité pour la venue de cette nourriture.

Je veux que ce traité montre aux fonctionnaires quels étaient nos droits de pêche. J'étais au Conseil de Walla-Walla avec mon père qui fut l'un des chefs qui signèrent le traité. Je me souviens très bien d'avoir entendu les discours au sujet du traité. Il y avait plus d'Indiens à Walla-Walla qu'il ne s'en était jamais réuni dans aucun autre endroit de ce pays. À côté des femmes et des enfants, il y avait deux mille guerriers indiens, et ils furent là pendant près d'une lune, à cette même époque de l'année, en mai et en juin.

Les Indiens et les commissaires discutèrent pendant plusieurs jours de ce traité. Un jour, le gouverneur Stevens lut ce qu'il avait écrit et un des interprètes l'expliqua aux Indiens. Après que tous eurent parlé et que Pu-Pu-Mox-Mox eut parlé, le général Stevens voulut entendre le grand chef des Yakimas. Il dit : « Kamiaken, le grand chef des Yakimas n'a pas parlé du tout. On n'a pas entendu la voix de son peuple aujourd'hui. Il n'a pas peur de parler. Qu'il parle donc ! »

Le bruit courait que de plus en plus de Blancs arrivaient dans le pays des Indiens et que les Indiens seraient expulsés de leurs terres de chasse et de leurs points de pêche. À quoi le gouverneur Stevens avait répondu aux Indiens que lorsque les hommes blancs viendraient ici, les droits des Indiens seraient protégés.

Le chef Kamiaken dit alors : « Je crains que les hommes blancs ne disent pas la vérité, que leurs enfants ne fassent pas ce qui est juste pour nos enfants, qu'ils ne fassent pas ce que vous avez promis pour eux. »

*

Crowfoot, grand chasseur, guerrier courageux et brillant orateur, naquit en 1821 à Blackfoot Crossing sur la rivière Bow, maintenant territoire de la province d'Alberta au Canada. Il s'affirma très vite comme porte-parole de la confédération des Blackfeet (Pieds-Noirs). En septembre 1877, il céda à contrecœur, mais en toute confiance, 50 000 miles carrés de prairies au gouvernement canadien ; ce traité amena la rapide disparition des bisons et la famine chez les Blackfeet. En avril 1890, sur le point de mourir, Crowfoot parla, une dernière fois, de la vie.

Qu'est-ce que la vie ? C'est l'éclat d'une luciole dans la nuit. C'est le souffle d'un bison en hiver. C'est la petite ombre qui court dans l'herbe et se perd au couchant.

*

« Le soin extrême avec lequel la plupart des Indiens usaient de chaque morceau de carcasse d'un animal

tué, écrit l'anthropologue Dorothy Lee, n'était pas l'expression d'un souci d'économie, mais d'attention et de respect ; en fait, un aspect de leur relation religieuse avec l'animal abattu. » Les Wintus, Indiens de Californie, vivaient sur des terres tellement boisées qu'il leur était difficile de trouver une clairière pour construire leurs maisons. « Néanmoins — continue Lee — ils n'utilisaient que le bois mort pour se chauffer, par respect pour la nature. » Dans le passage qui suit, une vieille sage Wintu parle avec tristesse de la destruction gratuite des terres sur lesquelles elle vivait, une région que l'exploitation des mines d'or — et plus particulièrement l'utilisation de moyens hydrauliques — a dévastée.

Les blancs se moquent de la terre, du daim ou de l'ours. Lorsque nous, Indiens, chassons le gibier, nous mangeons toute la viande. Lorsque nous cherchons les racines, nous faisons de petits trous. Lorsque nous construisons nos maisons, nous faisons de petits trous. Lorsque nous brûlons l'herbe à cause des sauterelles, nous ne ruinons pas tout. Nous secouons les glands et les pommes de pin des arbres. Nous n'utilisons que le bois mort. L'homme blanc, lui, retourne le sol, abat les arbres, détruit tout. L'arbre dit : « Arrête, je suis blessé, ne me fais pas mal. » Mais il l'abat et le débite. L'esprit de la terre le hait. Il arrache les arbres et ébranle jusqu'à leurs racines. Il scie les arbres. Cela leur fait mal. Les Indiens ne font jamais de mal, alors que l'homme blanc démolit tout. Il fait exploser les rochers et les laisse épars sur le sol. La roche dit : « Arrête, tu me fais mal. » Mais l'homme blanc n'y fait pas attention. Quand les Indiens utilisent les pierres, ils les prennent petites et rondes pour y faire leur feu… Comment l'esprit de la terre pourrait-il aimer l'homme blanc ?… Partout où il la touche, il laisse une plaie.

*

Tatanka-Ohitika, ou Brave Buffalo, Indien sioux, fut, comme l'avait été son père, un éminent « homme-médecine » de la réserve de Standing Rock. Il naquit près de l'actuel Pollock, dans le Dakota du Nord. En 1911, âgé de soixante-treize ans, il décrivit son rêve de la pierre sacrée. Les grandes pierres avaient aux yeux des Sioux une valeur religieuse. Tatanka-Ohitika parle de Wakan Tanka : c'est ainsi que les Sioux nomment l'être suprême, celui qui est l'essence de toute chose. Wakan signifie mystérieux et Tanka grand. « La signification exacte de ce terme dans l'esprit des Sioux — explique Frances Densmore dans "Teton Sioux Music" — est aussi difficile à formuler que le sens précis du mot Dieu dans l'esprit des chrétiens. »

Quand j'ai eu dix ans, j'ai regardé la terre et les rivières, le ciel au-dessus et les animaux qui m'entouraient, et je n'ai pu m'empêcher de ressentir qu'ils étaient l'œuvre d'un pouvoir supérieur. J'étais si soucieux de comprendre ce pouvoir que j'interrogeai les arbres et les buissons. Il me semblait que les fleurs me regardaient fixement et je voulais leur demander : « Qui vous a faites ? » Je tournai mes yeux vers les pierres couvertes de mousse ; certaines semblaient avoir des traits humains, mais elles n'ont pu me répondre. Puis j'ai fait un rêve et dans ce rêve une de ces petites pierres rondes m'est apparue et m'a dit que le Créateur de toute chose était Wakan Tanka et qu'afin de l'honorer, je devais honorer son œuvre dans la nature. La pierre dit que par ma quête je m'étais montré digne d'une aide surnaturelle. Elle dit que si je venais à soigner une personne malade, je pourrais lui demander assistance et que toutes les forces de la nature m'aideraient à guérir.

Il est significatif que certaines pierres ne soient pas enfouies dans le sol, mais perchées au sommet de hautes buttes. Comme le soleil et la lune, ces pierres sont rondes et nous savons que toutes les choses rondes ont un lien entre elles. Les choses qui sont semblables par leur nature tendent dans leur évolution à se ressembler, et ces pierres sont restées longtemps ici, face au soleil. Beaucoup de pierres ou galets sont façonnés par le courant d'une rivière, mais ces pierres ont été trouvées loin de l'eau et n'ont été exposées qu'au soleil et au vent. La terre renferme plusieurs milliers de telles pierres cachées sous sa surface. On raconte que l'*Oiseau-Tonnerre*[1] est lié avec ces pierres et que quand un homme ou un animal doit être puni, l'Oiseau-Tonnerre s'abat sur lui. S'il était possible de suivre la course de l'éclair, on trouverait une de ces pierres enfoncée dans la terre. Certains croient que ces pierres descendent avec l'éclair : moi, je crois qu'elles sont à la surface et que la foudre les projette vers le bas. Toute ma vie je suis resté fidèle aux pierres sacrées. J'ai vécu en accord avec leurs exigences et elles m'ont assisté dans toutes mes peines. J'ai tenté de me rendre capable, tout seul, de manier ces pierres sacrées aussi bien que possible ; mais je sais que je ne suis pas digne de parler à Wakan Tanka. Je fais mes demandes aux pierres et elles intercèdent pour moi auprès de lui.

*

Voici maintenant ce qu'un vieux Sioux Téton, Okute ou Shooter, dit en 1911 de ses croyances sacrées : il explique que son peuple croyait en un pouvoir mystérieux dont la plus grande manifestation était la nature, le soleil étant une de ses représentations. Red Bird, membre de la même tribu, ajoute : « Nous

1. L'*oiseau-tonnerre* : symbole reconnu et vénéré par toutes les tribus. Aigle au corps humain, il fait rouler le Tonnerre en agitant ses ailes et les éclairs jaillissent de ses yeux. Il sert en quelque sorte d'intermédiaire entre le Grand Esprit (Wakan Tanka) et les hommes.

avons sacrifié au soleil et nos souhaits ont été exaucés. »

Toute créature vivante, toute planète tire sa vie du soleil. Si le soleil n'était pas, ce serait la nuit et rien ne pousserait — la terre serait sans vie. Mais le soleil a besoin de l'aide de la terre. Si le soleil agissait seul sur les animaux et les plantes, la chaleur serait telle qu'ils mourraient. Mais les nuages apportent la pluie, et l'action conjuguée du soleil et de la terre fournit l'humidité nécessaire à la vie. Les racines d'une plante s'enfoncent, et plus elles s'enterrent, plus elles trouvent d'humidité. Ceci est en accord avec les lois de la nature et montre bien la sagesse de Wakan Tanka. Les plantes sont envoyées par Wakan Tanka et sortent de la terre à son commandement ; la partie qui recevra le soleil et la pluie apparaît au-dessus du sol et les racines plongent pour trouver l'humidité qui les attend. Les plantes et les animaux sont instruits par Wakan Tanka sur ce qu'ils ont à faire. Wakan Tanka apprend aux oiseaux à faire leurs nids, pourtant les nids de tous les oiseaux ne se ressemblent pas. Wakan Tanka leur donne seulement le contour. Certains font mieux leurs nids que d'autres. De même certains animaux se satisfont de demeures grossières alors que d'autres rendent confortable l'endroit dans lequel ils vivent. Certains animaux prennent un meilleur soin de leurs petits que d'autres. La forêt est le séjour de beaucoup d'oiseaux et d'autres animaux, l'eau est le séjour des poissons et des reptiles. À l'intérieur d'une même espèce, les oiseaux ne sont pas tous semblables et il en est ainsi avec les animaux et avec les êtres humains. La raison pour laquelle Wakan Tanka ne fait pas deux oiseaux, deux animaux ou deux êtres humains absolument pareils est qu'il les a tous placés ici pour ne dépendre de personne et se suffire à eux-mêmes. Certains animaux sont faits pour vivre sous terre. Wakan Tanka a placé les pierres et les minerais dans le sol ; certaines pierres sont plus exposées que d'autres. Quand un homme-médecine dit qu'il parle aux pierres sacrées, c'est parce que de toutes les substances du sol, elles sont celles qui apparaissent le plus souvent dans les rêves et qui peuvent communiquer avec les hommes.

Depuis l'enfance, j'ai observé les feuilles, les arbres et l'herbe, et je n'en ai jamais vu deux absolument pareils. Ils peuvent se ressembler, mais en les examinant j'ai trouvé qu'ils différaient sensiblement. Les plantes appartiennent à des familles différentes... Il en est de même pour les animaux... Il en est de même pour les êtres humains, ayant chacun la place qui lui convient le mieux. Les graines des plantes sont portées par le vent jusqu'à ce qu'elles atteignent l'endroit où elles pousseront le mieux, où l'action du soleil et la présence d'humidité leur seront le plus favorables. Elles prennent racines et grandissent là. Toute créature vivante, toute plante est un bienfait. Certains animaux affirment leur raison d'être par des actes précis. Les corbeaux, les buses et les mouches se ressemblent en quelque sorte par leur utilité, et même les serpents ont une raison d'être. Au commencement, les animaux ont probablement erré sur de très vastes contrées avant de trouver l'endroit convenable. Un animal dépend beaucoup des conditions naturelles qui l'entourent. S'il y avait encore des bisons aujourd'hui, ils seraient différents des bisons d'autrefois parce que les conditions naturelles ont changé. Ils ne trouveraient plus la même nourriture, non plus que le même milieu. Nous voyons le changement dans nos poneys. Jadis, ils supportaient les rudes épreuves et marchaient longtemps sans boire. Ils mangeaient une nourriture simple et buvaient de l'eau pure. Nos chevaux doivent maintenant être nourris d'un mélange. Ils ont moins d'endurance et réclament des soins constants. Il en est de même avec les Indiens ; ils sont moins libres et s'offrent en proies faciles à la maladie. Autrefois, ils étaient robustes et en bonne santé ; ils buvaient de l'eau pure et mangeaient la chair du bison qu'ils trouvaient partout en ce temps-là — on le parque aujourd'hui comme du bétail. L'eau de la rivière Missouri n'est plus pure comme jadis et nombreuses sont les criques où nous ne pouvons plus boire.

Les désirs d'un homme doivent tendre vers l'authentique, non vers l'artificiel. Jadis on ne fabriquait pas les couleurs en mélangeant des terres. Il n'existait que trois couleurs tirées de la terre : le rouge, le blanc et le noir. On ne les trouvait que dans certains endroits. Lorsqu'ils désiraient d'autres couleurs, les Indiens y mêlaient des sèves de plantes, mais ils constatèrent que ces couleurs mélangées se fanaient et l'on pouvait toujours reconnaître un rouge véritable — le rouge fait d'argile brûlée.

*

N. Scott Momaday est un Indien Kiowa contemporain, lauréat du prix Pulitzer. Dans ce passage, il décrit un moment du pèlerinage qu'il fit sur la tombe de sa grand-mère Kiowa.

Un seul tertre s'élève dans la plaine de l'Oklahoma, au nord-ouest de Wachita Range. Pour mon peuple, les Kiowas, c'est une ancienne borne, et ils l'appelèrent Rainy Mountain. Là sont les climats les plus durs du monde. L'hiver apporte les blizzards, au printemps le vent se soulève en tornades brûlantes et en été la prairie est faite de charbons ardents. Devenue cassante et brune, l'herbe craque sous les pas. Il y a des ceintures vertes le long des rivières et autour des criques, des rangées de bosquets, noyers et pacaniers, saules et hamamélis. Vu de loin, aux mois de juillet et août, le feuillage fumant semble se tordre. Partout dans l'herbe haute il y a de grandes sauterelles jaunes et vertes ; elles sautent comme le maïs dans la poêle et cinglent la peau, et des tortues rampent alentour sur la terre rouge, sans but, dans l'infinité du temps. La solitude est un aspect de la terre. Toute chose est isolée dans la plaine, et l'œil ne peut confondre les objets : une colline, un arbre, un homme. Contempler ce paysage tôt le matin, avec le soleil dans votre dos, c'est perdre le sens des proportions. Votre imagination prend vie et c'est ici, pensez-vous, que la Création a commencé.

*

Bedagi ou Big Thunder décrit vers 1900 les rapports de la mort et de la nature. Bedagi était de la nation des Wabanakis qui comprenait cinq tribus — les Passamaquoddys, les Penobscots, les Micmacs, les Maliscets et une tribu, aujourd'hui disparue, qui vivait près de la rivière Kennebec.

Le grand esprit est notre père, mais la terre est notre mère. Elle nous nourrit ; ce que nous plantons dans le sol, elle nous le retourne, et c'est ainsi qu'elle nous donne les plantes qui guérissent. Quand nous sommes blessés, nous allons à notre mère et nous efforçons d'étendre la blessure contre elle pour la guérir. Les animaux font de même, ils couchent leurs blessures sur la terre. Quand nous chassons, ce n'est pas l'arc, ni la flèche qui tue l'élan. C'est la nature qui le tue. La flèche se plante dans son flanc et, comme tout être vivant, l'élan va à notre mère la terre pour être guéri. Il veut appliquer sa blessure contre la terre et fait ainsi pénétrer la flèche plus profondément. C'est alors que je le suis. Il n'est plus en vue mais je colle mon oreille à un arbre dans la forêt et j'entends le son de chacun de ses bonds et je le suis. L'élan s'arrête encore à cause de la douleur de la flèche et frotte son flanc contre la terre et fait pénétrer la flèche plus profondément. Je le suis toujours, écoutant de temps à autre, l'oreille contre un arbre. Chaque fois qu'il s'arrête pour se frotter, il fait pénétrer la flèche plus profondément. Il est presque épuisé quand je viens à lui : la flèche peut lui avoir transpercé complètement le corps...

*

Né le 20 mars 1871, Tatanga Mani ou Walking Buffalo allait devenir un messager de la paix pour le gouvernement canadien. Indien Stoney, il passa ses plus jeunes années à Morley, en Alberta, mais fut bientôt adopté par le missionnaire blanc John McDougall. Il fréquenta l'école des Blancs sans pourtant jamais abandonner « l'étude de la nature ». Bien plus tard, le gouvernement lui demanda de faire un tour du monde comme représentant du peuple indien. Âgé de quatre-vingt-sept ans, il dit à l'occasion d'un discours à Londres : « Les collines sont toujours plus belles que les constructions de pierre. On mène à la ville une existence artificielle. La plupart des gens ne sentent jamais la terre sous leurs pieds, ne voient pas pousser les plantes autrement qu'en pots, et leurs regards ne se portent pas au-delà des lumières de la ville, pour saisir le charme d'un ciel de nuit parsemé d'étoiles. Quand on vit à l'écart des accomplissements du Grand Esprit, on oublie vite ses lois. » Tatanga mourut en 1967.

Nous étions un peuple sans lois, mais nous étions en très bons termes avec le Grand Esprit, Créateur et Maître de toute chose. Vous présumiez que nous étions des sauvages. Vous ne compreniez pas nos prières. Vous n'essayiez pas de les comprendre. Lorsque nous chantions nos louanges au soleil, à la lune ou au vent, vous nous traitiez d'idolâtres. Sans comprendre, vous nous avez condamnés comme des âmes perdues, simplement parce que notre religion était différente de la vôtre.

Nous voyions la main du Grand Esprit dans presque tout : le soleil, la lune, les arbres, le vent et les montagnes, parfois nous l'approchions par leur intermédiaire. Était-ce si mal ? Je pense que nous croyons sincèrement en l'Être suprême ; d'une foi plus forte que celle de bien des Blancs qui nous ont traités de païens... Les Indiens vivant près de la nature et du Maître de la nature ne vivent pas dans l'obscurité.

Saviez-vous que les arbres parlent ? Ils le font pourtant ! Ils se parlent entre eux et ils vous parleront si vous écoutez. L'ennui avec les Blancs, c'est qu'ils n'écoutent pas ! Ils n'ont jamais écouté les Indiens, aussi je suppose qu'ils n'écouteront pas les autres voix de la nature. Pourtant, les arbres m'ont beaucoup appris : tantôt sur le temps, tantôt sur les animaux, tantôt sur le Grand Esprit.

*

Tout chaman, ou saint homme a son chant propre qu'il entonne pour appeler les esprits alliés. Voici le chant d'Uvavnuk, une femme chaman Eskimo. Elle y célèbre sa joie d'être transportée par la nature. « Pour les Indiens », écrit Natalie Curtis dans « The Indian's Book », « le chant est le souffle de l'esprit qui consacre l'acte d'exister. »

La grande mer
A rompu mes amarres
Elle m'emporte
Comme la semence dans la grande rivière
La terre et les tempêtes
Me transportent
M'ont entraînée au loin
M'animant d'une joie profonde.

Pour nous, les cendres de nos ancêtres sont sacrées et l'emplacement où ils reposent, une terre sanctifiée.

Le chef Seattle, chef des Dwamish,
au gouverneur Isaac Stevens en 1855,
alors qu'on lui demandait de livrer sa terre.

S'adressant aux commissaires du gouvernement à Warner's Hot Springs au début du siècle, Cécilio Blacktooth (Dent-Noire) énumère les raisons pour lesquelles son peuple ne veut pas abandonner ses terres.

Nous vous remercions d'être venus ici pour parler d'une manière que nous pouvons comprendre. C'est la première fois que quelqu'un le fait. Vous nous demandez de désigner une terre où nous aimerions vivre s'il nous fallait quitter celle où nous avons toujours vécu. Vous voyez ces tombes là-bas ? Ce sont celles de nos pères et de nos grands-pères. Vous voyez la montagne du Nid d'Aigle et celle du Terrier de Lapin ? Dieu les a faites et nous a placés ici. Nous avons toujours été ici. Aucun autre endroit ne nous intéresse... Nous avons toujours vécu ici. Nous préférons mourir ici. Comme l'ont fait nos pères. Nous ne pouvons les abandonner. Nos enfants sont nés ici — comment pourrions-nous partir ? Vous nous donneriez la meilleure terre du monde, qu'elle ne serait pas meilleure que celle-ci... Ici nous sommes chez nous... Nous ne pouvons vivre nulle part ailleurs. Nous sommes nés ici et nos pères y sont enterrés... Nous voulons cet endroit et aucun autre...

Il n'existe pas d'autre terre pour nous. Inutile de nous en acheter une autre. Si vous nous chassez d'ici, nous irons comme la caille dans les montagnes et mourrons là, les vieillards, les femmes et les enfants. Que le gouvernement soit content et fier ! Il peut nous tuer. Nous ne combattons pas. Nous faisons ce qu'il dit. Si nous ne pouvons vivre ici, nous voulons aller dans les montagnes et mourir. Nous ne voulons pas vivre ailleurs.

*

Avant de mourir (en 1871) Tu-eka-kas, le père de Chef Joseph des Nez-Percés, rappelle à son fils qu'il ne doit pas vendre les os de son père. Chef Joseph décrit sa mort.

Mon père m'a fait appeler. J'ai vu qu'il allait mourir. J'ai pris sa main dans la mienne. Il dit : « Mon fils, mon corps va retourner à ma mère la terre, et mon esprit va bientôt voir le Chef Grand Esprit. Quand je serai parti, pense à ton pays. Tu es le chef de ce peuple. Ils attendent de toi que tu les guides. Souviens-toi toujours que ton père n'a jamais vendu son pays. Tu te boucheras les oreilles quand on te demandera de signer un traité vendant ta terre. Encore quelques années et l'homme blanc sera là. Ils ont les yeux sur ce pays. N'oublie jamais, fils, mes paroles de mourant. Cette terre renferme le corps de ton père. Ne vends jamais les os de ton père et de ta mère. » Je pressai les mains de mon père et lui dis que je protégerais sa tombe de ma vie. Mon père sourit et partit pour le pays de l'esprit.

Je l'ai enterré dans cette belle vallée où l'eau serpente. J'aime cette terre plus que le reste du monde. Un homme qui n'aimerait pas la tombe de son père est pire qu'un animal sauvage.

*

Dans le traité de Port Elliott, passé en 1885, le chef Seattle renonçait à sa terre — sur laquelle s'élève maintenant la ville de Seattle — et par là même vouait son peuple à la vie confinée des réserves. Indien de souche salishan, Seattle fut le chef de la tribu Dwamish du nord-ouest du Pacifique, laquelle occupait la région de Puget Sound. À la signature du traité, il s'adressa au gouverneur Isaac Stevens :

Mon peuple est rare. Il ressemble aux arbres épars d'une plaine balayée par la tempête… Il fut un temps où notre peuple couvrait cette terre comme les vagues d'une mer agitée couvrent le sol pavé de coquillages. Mais ce temps est bien passé et la grandeur des tribus n'est plus qu'un souvenir funèbre…

Pour nous, les cendres de nos ancêtres sont sacrées et l'emplacement où ils reposent, une terre sanctifiée. Vous errez loin des tombes de vos ancêtres, apparemment sans regret. Votre religion fut écrite sur des tables de pierre par le doigt de fer de votre Dieu afin de vous empêcher d'oublier. L'homme rouge n'a jamais pu la comprendre, ni même s'en souvenir. Notre religion est faite des traditions de nos ancêtres — les rêves que le Grand Esprit a envoyés à nos anciens aux heures solennelles de la nuit, les visions de nos sachems — et elle est écrite dans les cœurs de notre peuple.

Vos morts cessent de vous aimer, vous et la terre qui les a vus naître, dès qu'ils passent les portes du tombeau et errent au-delà des étoiles. Ils sont vite oubliés et ne reviennent jamais plus. Nos morts n'oublient jamais le monde merveilleux qui leur a donné la vie…

Quand le dernier homme rouge aura péri, et que le souvenir de ma tribu sera devenu un mythe chez les hommes blancs, les rivages seront couverts des morts invisibles de ma tribu ; et quand les enfants de vos enfants se croiront seuls dans leurs champs, leurs boutiques, ou le silence d'un bois sans chemin, ils ne seront pas seuls… La nuit, quand les rues de vos villes seront silencieuses et que vous les croirez désertes, ils se presseront avec la foule des revenants qui les habitaient autrefois et continuent à aimer ce beau pays. L'homme blanc ne sera jamais seul.

Puisse-t-il être juste et traiter mon peuple avec

égards, car les morts ne sont pas impuissants ! Morts, ai-je dit ? Mais il n'y a pas de mort ! Seulement un changement de monde.

*

Le discours funèbre qui va suivre a été rapporté par Jonathan Carver qui voyagea à l'intérieur de l'Amérique du Nord, entre les années 1766 et 1768. Carver prétend avoir entendu le discours directement des Indiens (peut-être des Nadowessioux, c'est-à-dire les Sioux, les Dakotas). Comme la plupart des oraisons funèbres, ce discours loue le disparu, mais à la différence des autres il le fait avec éloquence. Les parents, assis autour du corps, l'un après l'autre, évoquent le défunt ; quand il s'agit d'un guerrier, on chante ses exploits.

Tu es toujours assis parmi nous, frère, ta personne garde son aspect habituel et demeure pareille aux nôtres, sans manifester d'autre défaillance que la perte du pouvoir d'action. Mais où ce souffle est-il parti, qui voilà quelques heures envoyait un soupir au Grand Esprit ? Pourquoi demeurent-elles silencieuses, ces lèvres qui naguère nous livraient leur langage plaisant et expressif ? Pourquoi sont-ils immobiles, ces pieds qui, il n'y a pas si longtemps, étaient plus lestes que le daim dans ces montagnes ? Pourquoi pendent-ils vainement, ces bras qui pouvaient grimper sur le plus haut des arbres, ou tendre le plus inflexibles des arcs ? Hélas ! chaque partie de ce corps, que nous regardions récemment avec admiration et étonnement, est maintenant devenue aussi inanimée que si elle datait de trois cents hivers. Nous n'allons pas, cependant, te pleurer comme si tu étais à jamais perdu pour nous, ou comme si ton nom devait être enfoui dans l'oubli ; ton âme continue à vivre dans le vaste pays des esprits, avec ceux de ta nation partis avant toi, et quoique nous restions à l'arrière pour perpétuer ton renom, un jour nous te rejoindrons. Animés par le respect que nous te portions de ton vivant, nous venons t'offrir le dernier témoignage d'amitié qu'il est en notre pouvoir de te donner : afin que ton corps ne gise pas abandonné dans la plaine, qu'il ne devienne pas la proie des bêtes des champs ou des oiseaux des airs, nous prendrons soin de le faire reposer avec ceux de tes prédécesseurs, partis avant toi, espérant en même temps que ton esprit se nourrira de leurs esprits et sera prêt à recevoir le nôtre quand nous arriverons, nous aussi, au grand Pays des Âmes.

*

William W. Warren naquit en mai 1825 de mère indienne Ojibway et de père blanc. Sa généalogie remonte à Richard Warren, un des pèlerins du « Mayflower » qui accosta à Plymouth en 1620. Enfant, il fut élevé à l'indienne. En 1842, il se maria et partit pour ce qui est maintenant le Minnesota, où il fut employé comme interprète du gouvernement. En 1851, il devint membre de la Chambre des représentants à Saint-Paul. C'est vers cette époque qu'il commença à écrire dans le journal « le Minnesota Democrate » sur les légendes et le folklore indiens. Fasciné par les traditions et les histoires des « anciens », il passait des heures à les écouter, allant pour cela dans des régions les plus reculées. Bien sûr, eux-mêmes venaient le trouver; le très célèbre chef des Pillagers, Esh-ke-bug-e-coshe ou Flatmouth, fut un de ses visiteurs assidus et appelait toujours Warren du nom de « petit-fils ». Warren mourut à l'âge de vingt-huit ans, alors qu'il avait à peine terminé une histoire de son peuple à l'aide des traditions et des déclarations orales des Ojibways. Le passage suivant décrit « les heureuses terres de chasse » de son peuple.

Quand un Ojibway meurt, son corps est placé dans une tombe, généralement en position assise, regardant l'ouest. Avec son corps sont enterrés tous les articles nécessaires au voyage d'un vivant. Si c'est un homme, son fusil, sa couverture, une bouilloire, un briquet et des mocassins ; si c'est une femme, ses mocassins, une hache, un collier de portage, une couverture et une bouilloire. L'âme est présumée partir immédiatement après la mort du corps, et prendre un sentier battu qui conduit vers l'ouest. La première chose qu'elle rencontre en suivant le sentier, c'est le grand Oda-e-min (baie du cœur), autrement dit la fraise, qui s'élève sur le côté du chemin comme un énorme rocher ; il en prend une poignée qu'il mangera en route. Il continue à voyager jusqu'à ce qu'il arrive près d'un cours d'eau profond et rapide sur lequel s'étire le très redouté Ko-go-gaup-o-gun, autrement dit le pont qui roule et qui croule ; une fois en sécurité de l'autre côté, le voyageur qui se retourne se figure le pont comme un gigantesque serpent nageant, tanguant et déroulant ses ondulations au-dessus des rapides.

Après avoir campé quatre nuits et voyagé pendant autant de jours à travers une plaine, l'âme arrive dans la terre des esprits où elle trouve, rassemblés en masse, ses parents depuis les origines de l'humanité ; joyeux, chantant et dansant, ils vivent dans une belle contrée où s'entremêlent lacs clairs et rivières, forêts et prairies où l'on trouve des fruits en abondance et du gibier à volonté — en un mot, profusion de tout ce que l'homme rouge convoite le plus dans cette vie et qui lui apporte le plus de bonheur. Voilà le paradis que seule sa conduite sur terre lui permettra de goûter.

Avant de parler de choses sacrées, nous nous préparons nous-mêmes par des offrandes… l'un de nous remplira son calumet et le tendra à l'autre qui l'allumera et l'offrira au ciel et à la terre… ils fumeront ensemble… Alors ils seront prêts à parler.

Mato-Kuwapi, ou Chased-By-Bears,
un Sioux santee-yanktonai.

Ohiyesa, Santee Dakota, écrivain et médecin, décrit en 1911 la manière dont son peuple prie.

Dans la vie de l'Indien, il n'y a qu'un devoir inévitable — le devoir de prière — la reconnaissance quotidienne de l'Invisible et de l'Éternel. Ses dévotions quotidiennes lui sont plus nécessaires que sa nourriture de chaque jour. Il se lève au petit jour, chausse ses mocassins et descend à la rivière. Il s'asperge le visage d'eau froide ou s'y plonge entièrement. Après le bain, il reste dressé devant l'aube qui avance, face au soleil qui danse sur l'horizon, et offre sa prière muette. Sa compagne peut l'avoir précédé ou le suivre dans ses dévotions, mais ne doit jamais l'accompagner. Le soleil du matin, la douce terre nouvelle et le grand silence, chaque âme doit les rencontrer seule !

Chaque fois qu'au cours de sa chasse quotidienne, l'homme rouge arrive devant une scène sublime ou éclatante de beauté — un nuage noir chargé de tonnerre avec l'arche étincelante d'un arc-en-ciel au-dessus d'une montagne, une cascade blanche au cœur d'une gorge verte, une vaste prairie teintée du rouge sang d'un couchant — il s'arrête un instant dans la position d'adoration. Il ne voit pas le besoin de distinguer un jour parmi les sept pour en faire un jour saint puisque pour lui tous les jours sont ceux de Dieu.

*

Ce vieux sage Dakota justifie la diversité des usages observés dans le culte indien un peu avant 1890. La poursuite de l'unité est perceptible tout au long.

Tout ce qui bouge maintenant comme alors, ici comme là, marque des arrêts. L'oiseau arrête son vol en un lieu pour faire un nid, et en un autre pour se reposer dans son parcours. Un homme en voyage s'arrête quand il veut. Ainsi Dieu s'est arrêté. Le soleil qui est si beau et brillant, est un endroit où il s'est arrêté. La lune, les étoiles, les vents, il s'y est aussi arrêté. Les arbres, les animaux ont tous surgi où il s'est arrêté, et l'Indien pense à ces endroits et y envoie ses prières pour atteindre les endroits où Dieu s'est arrêté et y gagner son assistance et une bénédiction.

*

Peu avant de mourir en 1915, Mato-Kuwapi ou Chased-by-Bears, un Santee Yanktonai, évoque la danse du soleil et l'idée de Wakan Tanka chez les Indiens. Mato-Kuwapi s'était initié à la danse en 1867, à la suite d'un « vœu de guerre » prononcé à l'âge de vingt-quatre ans. En cette circonstance, comme à l'occasion d'autres danses du soleil, il entaillait le corps ou les membres des participants. Dans ces entailles il enfonçait des chevilles de bois auxquelles étaient fixées des longes reliées au poteau central de la danse du soleil. Dans la mesure où leur vœu le prévoyait, certains suspendaient à leur chair des crânes de bisons.

La danse du soleil est si sacrée pour nous que nous n'en parlons guère... La lacération des corps pour acquitter les vœux de la danse du soleil est différente de la lacération de la chair chez des gens dans le deuil. Le corps d'un homme est son bien et quand il donne son corps ou sa chair, il s'agit du don de la seule chose qui lui appartienne vraiment... Ainsi, si un homme promet un cheval à Wakan Tanka, il ne lui donne que ce qui lui appartient déjà. Je puis donner du tabac ou d'autres objets au cours d'une danse du soleil, mais si je garde le meilleur, qui pourra croire que je suis sincère ? Pour montrer que mon être tout entier accompagne ces menus présents, je dois donner quelque chose qui m'est précieux. Pour cela je promets de donner mon corps.

L'enfant croit que seule l'action d'une personne

malveillante peut être cause de douleur, mais dans la danse du soleil nous reconnaissons d'abord la bonté de Wakan Tanka et nous supportons la douleur à cause de ce qu'il a fait pour nous. Jusqu'à ce jour je ne me suis jamais joint à aucune Église chrétienne. Ma vieille croyance, celle que j'ai toujours gardée, est encore avec moi.

Quand un homme accomplit un travail que tous admirent, nous disons que c'est merveilleux. Mais quand nous voyons l'alternance du jour et de la nuit, le soleil, la lune, et les étoiles dans le ciel, et la suite des saisons sur la terre, avec les fruits qui mûrissent, nous devons tous y reconnaître l'œuvre d'un plus puissant que l'homme. Le plus grand de tous est le soleil sans lequel nous ne pourrions vivre.

Nous nous adressons à Wakan Tanka et sommes sûrs qu'il nous entend, et pourtant il est difficile d'expliquer l'étendue de notre croyance. L'Indien croit en général qu'après la mort d'un homme, son esprit va quelque part sur la terre ou dans le ciel, nous ne savons exactement où, mais nous sommes sûrs que son esprit continue à vivre. Il y a eu des gens pour convenir ensemble qu'au cas où il serait possible à des esprits de parler à des hommes, ils se feraient reconnaître de leurs amis après leur mort, mais ils ne sont toujours pas venus nous parler, sauf, peut-être, dans nos rêves. Ainsi en est-il de Wakan Tanka. Nous croyons qu'il est partout, mais il est pour nous comme les esprits de nos amis dont nous ne pouvons entendre la voix.

*

Un rite et une prière sont associés à chaque geste significatif d'une journée des Kwakiutls, natifs de Colombie-Britannique. Erna Gunther en donne un exemple dans « Further Analysis of the First Salmon Ceremony » : « Le pêcheur attrape quatre saumons d'argent et le constructeur de canot jette quatre copeaux de bois derrière l'arbre qu'il veut abattre, quatre étant un nombre rituel pour les Kwakiutls comme pour les Tsimshians. La prière se fait selon une formule très précise. L'animal ou la plante, objet de la prière, est appelé "Ami Surnaturel". Il est remercié pour le don qu'il fait de sa substance et il lui est demandé d'écarter de son adorateur la maladie et la mort. La réponse est donnée par le constructeur de canot comme par la femme du pêcheur de saumons. » Le passage suivant, tiré par Franz Boas d'un texte datant des environs de 1900, suggère la permanence de ce rituel qui souvent, comme dans l'exemple donné par Gunther, se développe autour du thème des quatre éléments . Voici la prière d'un constructeur de canot qui, ayant presque abattu un arbre, se saisit de quatre copeaux et en jette un derrière le pied de l'arbre. Il déclame :

« Ô Surnaturel ! Agis selon ton pouvoir surnaturel ! » Il en jette un autre et dit : « Ô Ami ! Tu vois ton guide, il dit que tu tourneras la tête et tomberas là aussi. » Il jette un troisième copeau et dit : « Ô Créateur ! Tu as vu la voie que suivra ton pouvoir surnaturel. Suis la même voie. » Il jette le dernier en disant : « Ô Ami ! Tu iras où va ton cœur de bois. Tu te poseras sur ta face à la même place. » Ayant dit, il répond lui-même : « Oui, je tomberai ici avec ma tête. »

Lorsqu'une femme vient de couper les racines d'un jeune cèdre, elle commence par invoquer l'arbre : « Regarde-moi, ami ! Je viens te demander ton habit car tu es venu par pitié pour nous ; il n'y a rien en toi qui ne puisse nous être utile, car telle est ta volonté : tout nous est utile en toi, parce que tu as réellement voulu nous donner ton habit. Je viens te demander cela, grand créateur, parce que je vais me servir de toi pour tresser un panier pour les racines de lis. Je t'en prie, ami, ne t'emporte pas contre moi pour ce que je vais te faire et apprends à tes amis ce que je t'ai demandé. N'oublie pas, ami ! Éloigne de moi la maladie afin que je ne sois pas tuée par la maladie ou à la guerre, ô ami. »

*

Hehaka Sapa ou Black Elk appartenait aux Oglalas, branche des Tétons Dakotas, l'une des plus puissantes de la famille des Sioux. Il était né durant « la Lune des Arbres qui craquent (décembre), sur la rivière Little Powder, en cet hiver de 1863 où les "Quatre Crows" furent tués ». Parent du grand chef Crazy Horse, il avait bien connu Sitting Bull et Red Cloud. Il connaissait très bien l'histoire des origines de son peuple, lorsque celui-ci errait dans les plaines, et fut aussi témoin de la bataille de Little Big Horn. Plus tard, il suivra Buffalo Bill en Italie, en France et en Angleterre où il dansera devant la reine Victoria. Black Elk possédait un pouvoir spirituel unique et incontesté ; il avait été instruit dans sa jeunesse des traditions sacrées de son peuple par les grands prêtres. Son père avait été « homme-médecine », ainsi que plusieurs de ses frères. Il vécut ses derniers jours dans la réserve de Pine Ridge (Dakota du Sud). Le passage qui va suivre est tiré de son autobiographie dictée en 1930-1931 à Flaming Rainbow (John G. Neihardt). La configuration du cercle, mentionnée ici par Black Elk, ainsi que dans les textes suivants, occupe une place fondamentale dans la vie des Indiens.

Vous avez remarqué que toute chose faite par un Indien est dans un cercle, il en est ainsi parce que le pouvoir de l'Univers agit selon des cercles et que toute chose tend à être ronde. Dans l'ancien temps, lorsque nous étions un peuple fort et heureux, tout notre pouvoir nous venait du cercle sacré de la nation, et tant qu'il ne fut pas brisé, notre peuple a prospéré. L'arbre florissant était le centre vivant du cercle et le cercle des quatre quartiers le nourrissait. L'est donnait la paix et la lumière, le sud donnait la chaleur, l'ouest donnait la pluie et le nord, par ses vents froids et puissants, donnait force et endurance. Cette connaissance nous vint de l'outre-monde avec notre religion. Tout ce que fait le pouvoir de l'Univers se fait dans un cercle. Le Ciel est rond et j'ai entendu dire que la terre est ronde comme une balle et que toutes les étoiles le sont aussi. Le vent, au sommet de sa fureur, tourbillonne. Les oiseaux font leur nid en cercle parce qu'ils ont la même religion que nous. Le soleil s'élève et redescend dans un cercle. La lune fait de même et tous deux sont ronds.

Même les saisons forment un grand cercle dans leurs changements et reviennent toujours où elles étaient. La vie de l'homme est dans un cercle de l'enfance jusqu'à l'enfance et ainsi en est-il pour chaque chose où le pouvoir se meut. Nos tipis étaient ronds comme les nids des oiseaux et toujours disposés en cercle, le cercle de la nation, le nid de nombreux nids où le Grand Esprit nous destinait à couver nos enfants.

*

Tatanka-Ptecila, ou Short Bull, saint, prophète et « homme-médecine », chante et récite le Chant du Prophète. Reconnu parmi les siens, les Sioux Dakotas, comme un grand thaumaturge, il fut un des premiers disciples de Wovoka, l'initiateur du culte de la danse des esprits. « Ne combattez pas... Il ne faut pas combattre », était l'un des messages de Wovoka. Tatanka-Ptecila ramènera chez les siens la danse et l'enseignement. Il fabriqua aussi une chemise magique, « la chemise des esprits », censée protéger les Indiens des balles de l'homme blanc. Il fut au sein de son peuple un grand chef spirituel.

La tribu campait toujours en cercle et au milieu du cercle il y avait une place appelée Hocoka, le centre.

Avant que le peuple ne partît en guerre, le prophète, ou le saint, construisait son tipi à l'écart, et seul, assis là, plongeait dans le futur et avait la vision de toutes les choses à venir. Le peuple lui apportait des offrandes et il fabriquait des emblèmes sacrés et des fétiches pour le protéger dans la bataille.

Alors, avant d'envoyer les éclaireurs, les guerriers se rassemblaient au centre du camp, s'asseyaient en cercle et attendaient le prophète. Celui-ci arrivait en chantant un chant sacré, répartissait entre les guerriers les fétiches qu'il avait faits et révélait à chacun son destin.

Voici les paroles du chant prophétique. Dans la dernière partie du chant dont les sons nous semblent dépourvus de sens, il disait à chaque guerrier le sort qui l'attendait au sein de la bataille. Ce chant était entonné quand la tribu partait en guerre, juste avant que les éclaireurs ne fussent envoyés à la recherche de l'ennemi.

CHANT DU PROPHÈTE

Dans ce cercle
Ô vous, guerriers
Voici, je dis
À chacun son futur.
Tout sera
Comme je le révèle maintenant
Dans ce cercle ;
Vous, écoutez !

II

L'homme barbu qui vient de l'est

Les vastes plaines ouvertes, les belles collines et les eaux qui serpentent en méandres compliqués n'étaient pas « sauvages » à nos yeux. Seul l'homme blanc trouvait la nature sauvage et pour lui seul la terre était « infestée » d'animaux « sauvages » et de peuplades « sauvages ». À nous, la terre paraissait douce, et nous vivions comblés des bienfaits du Grand Mystère. Elle ne nous devint hostile qu'à l'arrivée de l'homme barbu de l'est qui nous accable, nous et les familles que nous aimons, d'injustices insensées et brutales. C'est quand les animaux de la forêt se mirent à fuir son approche que commença pour nous « l'Ouest Sauvage ».

Chef Luther Standing Bear,
Sioux oglala.

Je tiens à ce que tous sachent que je n'ai pas l'intention de vendre une seule parcelle de nos terres ; je ne veux pas non plus que les Blancs coupent nos arbres le long des rivières ; je tiens beaucoup aux chênes dont les fruits me plaisent tout spécialement. J'aime à observer les glands parce qu'ils endurent les tempêtes hivernales et la chaleur de l'été, et — comme nous-mêmes — semblent s'épanouir par elles.

Tatanka Yotanka
ou Sitting Bull,
guerrier sioux.

À Nova Scotia en 1676, un chef indien gaspésien (micmac aujourd'hui) critique un groupe de capitaines français, pour la haute opinion qu'ils affichent à l'égard de la civilisation française.

Vous reprochez fort mal à propos à notre pays d'être un petit enfer sur terre en contraste avec la France que vous comparez à un paradis terrestre, parce qu'il vous donne, dites-vous, toutes sortes de provisions en abondance. Vous dites de nous que nous sommes les plus misérables et les plus malheureux de tous les hommes, vivant sans religion, sans éducation, sans honneur, sans ordre social et en un mot sans aucune loi, comme les bêtes de nos bois et forêts, manquant de pain, de vin et de milliers d'autres avantages dont vous regorgez en Europe. Écoutez, frères, si vous ne connaissez déjà les véritables sentiments que nos Indiens ont pour votre pays et pour toute votre nation, il est bon que je vous en informe sans tarder.

Croyez bien qu'aussi misérables que nous

paraissions à vos yeux, nous nous regardons néanmoins comme plus heureux que vous, en ceci que nous nous contentons du peu que nous avons... Vous serez profondément déçus si vous pensez nous persuader que votre pays est meilleur que le nôtre. Pourtant si la France est, comme vous le dites, un petit paradis terrestre, est-il sensé de le quitter ? Et pourquoi abandonner femmes, enfants, parents et amis ? Pourquoi risquer vos vies et vos biens chaque année ? Et pourquoi vous aventurer et prendre de tels risques quelle que soit la saison, affronter les orages et les tempêtes de la mer pour venir dans un pays étranger et barbare que vous considérez comme le plus pauvre et le plus malheureux de la terre ? D'autant que nous sommes convaincus du contraire et ne prenons pas la peine d'aller en France, parce que nous craignons à juste titre de ne trouver là-bas que peu de satisfactions puisque nous voyons ceux qui y sont nés la quitter chaque année pour venir s'enrichir sur nos rivages. Nous vous croyons, en outre, incomparablement plus pauvres que nous et malgré vos apparences de maîtres et de Grands Capitaines vous n'êtes que de simples journaliers, valets, servants et esclaves se faisant une fête de nos vieux chiffons et misérables vêtements de peaux qui ne nous servent plus, et vous venez chercher ici, en pêchant la morue, de quoi vous consoler de la misère et de la pauvreté qui vous accablent. Alors que nous, nous trouvons toutes nos richesses et toutes nos commodités chez nous, sans peine, sans exposer nos vies aux dangers que vous affrontez constamment au cours de vos longs voyages. Et c'est avec un sentiment de compassion pour vous que, dans la douceur de notre repos, nous admirons la peine que vous vous donnez, nuit et jour, à remplir vos navires. Nous voyons aussi que tout votre peuple ne vit que sur la morue que vous pêchez chez nous. Toujours et rien que de la morue, morue au matin, morue à midi et morue le soir, encore de la morue, jusqu'à ce que les choses en viennent à une extrémité telle que, lorsque vous voulez vous offrir un bon morceau, c'est à nos dépens ; et que vous êtes contraints d'avoir recours aux Indiens que vous méprisez tant, et vous leur mendiez le produit d'une chasse pour vous régaler. Maintenant dites-moi un peu, si vous avez un peu de bon sens, lequel des deux est le plus sage et le plus heureux : celui qui travaille sans cesse et n'obtient qu'à grand-peine juste assez pour vivre, ou celui qui se repose confortablement et trouve tout ce dont il a besoin dans les plaisirs de la chasse et de la pêche ?

Il est vrai que nous n'avons pas toujours eu le pain et le vin que votre France produit, mais, en fait, avant l'arrivée des Français dans ces parages, les Gaspésiens ne vivaient-ils pas plus vieux que maintenant ? Et si nous n'avons plus parmi nous de ces vieillards comptant cent trente ou cent quarante années, c'est seulement parce que peu à peu nous adoptons votre manière de vivre ; parce que, comme l'expérience le montre, ceux des nôtres qui vivent le plus longtemps sont ceux qui méprisent votre pain, votre vin, votre eau-de-vie, se contentent de la chair du castor, de l'élan, de l'oiseau et du poisson, et vivent en harmonie avec la coutume de nos ancêtres et de toute la nation gaspésienne. Apprenez maintenant, mes frères, une fois pour toutes, parce que je vous dois la vérité : il n'y a pas d'Indien qui ne se regarde comme infiniment plus heureux et plus puissant que le Français.

*

Adario était un chef huron du dix-septième siècle connu sous le nom huron de Kondiaronk et français de « Le Rat ». Très réputé pour sa bravoure et sa sagacité, il joua un rôle important dans la guerre de Frontenac (1689-1697) — suite de conflits opposant tantôt les Anglais aux Français, tantôt les Français avec leurs alliés indiens aux Iroquois. Habile diplomate, médiateur entre les tribus, il fut un grand pacificateur. Il mourut à Montréal en 1701, durant une conférence de paix. Il avait énormément voyagé et disait de ses voyages : « Je suis allé en France, à New York et à Québec, et j'ai étudié les lois et les doctrines des Anglais et des Français. » Les déclarations qui vont suivre furent adressées au baron de Lahontan, un explorateur français, lieutenant de l'armée des colonies à Plaisance, en Terre-Neuve. Lahontan venait de lui expliquer que sans le châtiment des coupables et la récompense des justes, le vol et le crime se répandraient sur la terre, et l'homme blanc deviendrait le peuple le plus misérable. Voici ce qu'Adario pense des lois de l'homme blanc.

Non, vous êtes déjà si misérables que vous ne pouvez le devenir plus. Quel genre d'hommes doivent être les EUROPÉENS ? Quelle espèce de créature choisissent-ils d'être ? Les Européens, ceux qui sont forcés de faire le bien et qui n'ont, pour éviter le mal, d'autre inspiration que la peur de la punition. Si je te demandais quel est cet HOMME, tu me répondrais un FRANÇAIS, mais moi je te prouverai plutôt que c'est un CASTOR. Car l'HOMME n'est pas seulement celui qui marche debout sur ses jambes, sait la lecture et l'écriture et montrer mille exemples de son Industrie…

Qui vous a donné les terres que vous habitez maintenant ? De quel droit les possédez-vous ? Elles appartiennent toujours aux ALGONQUINS. En vérité, mon cher frère, je te plains du plus profond de mon âme. Suis mon conseil et deviens HURON. Je vois clairement la profonde différence entre ta condition et la mienne. Je suis le maître de ma condition. Je suis le maître de mon corps, j'ai l'entière disposition de moi-même, je fais ce qui me plaît, je suis le premier et le dernier de ma nation, je ne crains absolument aucun homme, je dépends seulement du Grand Esprit. Il n'en est pas de même pour toi, ton corps aussi bien que ton âme sont condamnés à dépendre de ton grand capitaine ; ton vice-roi dispose de toi ; tu n'as pas la liberté de faire ce que tu as dans l'esprit ; tu as peur des voleurs, des faux témoins, des assassins, etc., et tu dépends d'une infinité de personnes dont la place est située au-dessus de la tienne. N'est-ce pas vrai ?

*

Le chef Curly, un Pawnee, raconte une des premières rencontres entre son peuple et les Européens, entre 1800 et 1820.

On m'a dit qu'il fut un temps lointain où il n'y avait d'autre peuple dans ce pays que les Indiens. Après, on a commencé à entendre parler d'hommes à la peau blanche ; ils avaient été vus loin à l'est. Avant que je naquisse, ils vinrent dans notre pays et nous rendirent visite. L'homme qui vint était du gouvernement. Il voulait signer un traité avec nous et nous donner des présents, couvertures et fusils et pistolets, et briquets et couteaux.

Le Grand Chef lui répondit que nous n'avions pas besoin de ces choses. Il dit : « Nous avons nos bisons et notre maïs ; ces choses c'est le Tout-Puissant qui nous les a données, elles sont tout ce dont nous avons besoin. Vois cette robe. Elle me tient chaud en hiver. Je n'ai pas besoin de couverture. »

Les Blancs avaient du bétail avec eux et le chef Pawnee dit : « Qu'on amène une génisse sur cette prairie » ! Ce fut fait et le chef, s'avançant, lui transperça l'épaule d'une flèche, et elle s'écroula et mourut. Le chef dit alors : « Ma flèche ne tuerait-elle point ? Qu'ai-je besoin de vos pistolets ? » Il prit alors un couteau de pierre, se mit à dépecer la génisse et découpa un morceau de choix. Quand il eut fait cela, il dit : « Qu'ai-je à faire de vos couteaux ? Le Tout-Puissant m'a donné de quoi couper. »

Puis, prenant des braises, il alluma un feu pour rôtir la viande et, pendant qu'elle cuisait, il prit de nouveau la parole et dit : « Vous voyez, mes frères, que le Tout-Puissant nous a donné tout ce dont nous avons besoin pour chasser le gibier ou cultiver la terre. Maintenant, retournez dans le pays d'où vous venez. Nous ne voulons pas de vos présents, et nous ne voulons pas de vous sur nos terres. »

*

Le chef d'une des principales bandes des Blackfeet du nord, pressé par les délégués des États-Unis de signer une des premières conventions territoriales de cette région de la Milk River, près de la frontière du Montana et des territoires du nord-ouest, répondit par une fin de non-recevoir, en dédaignant les compensations financières des Blancs.

Notre terre vaut mieux que de l'argent. Elle sera toujours là. Elle ne périra pas, même dans les flammes d'un feu. Aussi longtemps que le soleil brillera et que l'eau coulera, cette terre sera ici pour donner vie aux hommes et aux animaux.

Nous ne pouvons vendre la vie des hommes et des animaux ; c'est pourquoi nous ne pouvons vendre cette terre. Elle fut placée ici par le Grand Esprit et nous ne pouvons la vendre parce qu'elle ne nous appartient pas. Vous pouvez compter votre argent et le brûler dans le crâne d'un bison, parce que seul le Grand Esprit peut compter les grains de sable et les brins d'herbe de ces plaines. Tout ce que nous avons et que vous pouvez emporter, nous vous le donnerons, mais la terre, jamais.

*

La fière tribu indienne des Nez-Percés était dirigée par un homme des plus remarquables du nom de Hin-mah-too-yah-lat-kekht, ou « Thunder Travelling to Loftier Mountain Heights » : Chef Joseph. La description de la mort de son père a été citée dans le chapitre I. *L'amour de Chef Joseph pour sa terre natale n'a jamais cessé. Il s'efforça de ne point quitter les vallées et les montagnes qui l'avaient vu naître. Dans ce passage, il fait connaître clairement — selon son habitude — son sentiment sur la propriété de la terre.*

La terre a été créée avec l'aide du soleil et elle devrait être laissée telle qu'elle était… Le pays a été fait sans ligne de démarcation et ce n'est pas le rôle de l'homme de le diviser… Je vois les Blancs s'enrichir à travers tout le pays et je connais leur désir de nous donner des terres sans valeur… La terre et moi sommes du même esprit. La mesure de la terre et la mesure de nos corps sont les mêmes. Dites-nous, si vous l'osez, que vous avez été envoyés par le Pouvoir créateur pour nous parler. Vous pensez peut-être que le Créateur vous a envoyés ici pour disposer de nous selon votre vouloir. Si je croyais que vous étiez envoyés par le Créateur, je pourrais être enclin à penser que vous avez le droit de disposer de moi. Mais ne vous méprenez pas et comprenez bien la raison de mon amour pour la terre. Je n'ai jamais dit que la terre était mienne pour en user à ma guise. Le seul qui ait le droit d'en disposer est celui qui l'a créée. Mais je revendique le droit de vivre sur ma terre, et vous accorde le privilège de vivre sur la vôtre.

*

Smohalla, fondateur de la religion des rêveurs, a vu le jour entre 1815 et 1820 ; il faisait partie des Sokulks, une petite tribu des Nez-Percés habitant près de Priest Rapids sur la rivière Columbia à l'est de l'État de Washington. Smohalla se distingua comme guerrier et commença à prêcher vers 1850. Il a constamment rejeté la civilisation de l'homme blanc et ses enseignements. La religion des rêveurs était un retour à des concepts indigènes, particulièrement à ceux de la Douce Mère la Terre qui font du rêve l'unique source du pouvoir surnaturel. La doctrine, dont quelques détails sont révélés dans la déclaration qui suit, attira beaucoup d'adeptes.

Au nombre des plus dévots « rêveurs » on doit compter Chef Joseph et ses Nez-Percés.

Mes jeunes gens ne travailleront jamais, les hommes qui travaillent ne peuvent rêver ; et la sagesse nous vient des rêves.

Vous me demandez de labourer la terre. Dois-je prendre un couteau et déchirer le sein de ma mère ? Mais, quand je mourrai, qui me prendra dans son sein pour reposer ?

Vous me demandez de creuser pour chercher la pierre. Dois-je aller sous sa peau chercher ses os ? Mais, quand je mourrai, dans quel corps pourrai-je entrer pour renaître ?

Vous me demandez de couper l'herbe, de la faner et de la revendre et de devenir riche comme les hommes blancs. Allons ! comment oserais-je couper les cheveux de ma mère ?

*

Le 17 juin 1744, les commissaires du Maryland et de la Virginie négociaient un traité avec les Indiens des Six Nations à Lancaster en Pennsylvanie. À l'issue de ce traité les Indiens étaient invités à envoyer leurs enfants au William and Mary College. Le lendemain, ils déclinèrent l'offre ainsi :

Nous savons quelle haute estime vous portez au genre d'enseignement donné dans ces collèges, et que l'entretien de nos jeunes hommes, pendant leur séjour chez vous, vous coûterait très cher. Nous sommes convaincus que vous nous voulez du bien avec votre proposition et vous en remercions de tout cœur. Mais, vous qui êtes sages, vous devez savoir que chaque nation a une conception différente des choses et, par conséquent, vous ne le prendrez pas mal s'il se trouve que nos idées sur cette sorte d'éducation ne sont pas les mêmes que les vôtres. Nous en avons fait l'expérience. Plusieurs de nos jeunes gens ont été jadis élevés dans les collèges des provinces du Nord ; ils furent instruits de toutes vos sciences mais, quand ils nous revinrent, ils ne savaient pas courir et ignoraient tout de la vie dans les bois… Incapables de faire des guerriers, des chasseurs, ou des conseillers, ils n'étaient absolument bons à rien.

Néanmoins, nous vous restons obligés pour votre offre bienveillante, bien que nous ne puissions l'accepter ; et pour vous montrer combien nous vous en sommes reconnaissants, nous nous proposons d'accueillir une douzaine de vos fils, si ces messieurs de Virginie le veulent bien, de prendre soin de leur éducation, de les instruire en tout et de faire d'eux des hommes.

*

Sa-go-ye-wat-ha, ou Red Jacket, chef Seneca et grand orateur des Six Nations, naquit en 1750 près du site actuel de Genève dans l'état de New York. En 1805, un jeune missionnaire du nom de Cram fut envoyé au pays des Iroquois par la Société de la mission évangélique du Massachusetts pour « répandre la Foi ». On tint conseil à Buffalo (État de New York) et Red Jacket y fit cette déclaration, exposant à Cram pourquoi il ne souhaitait pas voir ce missionnaire parmi eux. N.B. Wood, dans « Lives of famous Indian Chiefs » (La vie des chefs indiens célèbres) raconte qu'après avoir parlé, Red Jacket s'avança vers le missionnaire pour lui serrer la main. Cram la refusa, disant : « Il ne peut y avoir d'amitié entre la religion de Dieu et le Diable. » D'après Wood, les Indiens sourirent et se retirèrent en paix.

Frère et ami : c'était la volonté du Grand Esprit que nous soyons réunis ce jour. Il commande toutes choses et il nous a donné un beau jour pour ce conseil. Il a retiré son rideau de devant le soleil et le fait briller avec éclat sur nous. Pour tout cela, nous remercions le Tout-Puissant et Lui SEULEMENT !

Frère, tu as allumé le feu de ce conseil. C'est sur ta demande que nous sommes rassemblés en ce moment. Nous avons écouté tes paroles avec joie. Tu nous as priés de laisser nos esprits parler librement. Cela nous comble de joie parce que nous considérons maintenant que nous pouvons nous tenir droits devant toi et te dire ce que nous pensons. Tous ont écouté ta voix et peuvent te parler comme un seul homme. Nous sommes d'accord.

Frère, écoute ce que nous disons. Jadis nos ancêtres possédaient cette grande île. Leur territoire s'étendait du soleil levant au couchant. Le

Grand Esprit l'avait créé pour les Indiens. Il avait créé l'ours et le castor. Leurs peaux nous servaient pour nous vêtir. Il les avait éparpillés sur tout le pays et nous avait appris à les chasser. Il a fait que la terre produisît le maïs pour le pain. Tout cela, Il l'a fait pour ses enfants rouges parce qu'Il les aimait. Lorsque nous nous sommes disputé des territoires de chasse, cela se réglait généralement sans que beaucoup de sang fût versé. Jusqu'à ce qu'un jour maudit s'abattît sur nous : tes ancêtres avaient traversé les grandes eaux et posaient le pied sur cette terre. Ils étaient peu nombreux. Ils trouvèrent en nous des amis, pas des ennemis. Ils nous racontèrent qu'ils avaient quitté leur pays aux mains de mauvais hommes et qu'ils venaient ici pour jouir de leur religion. Ils nous demandèrent une petite place. Nous les avons pris en pitié et avons pourvu à leurs demandes et ils s'assirent parmi nous. Nous leur avons donné du maïs et de la viande ; en retour, ils nous ont donné du poison (du rhum)...

Frère, notre territoire alors était grand et le vôtre était petit. Vous êtes maintenant devenus un grand peuple, et il nous reste à peine l'espace pour étendre nos couvertures. Vous avez notre pays ; mais cela ne vous suffit pas. Vous voulez nous forcer à épouser votre religion.

Frère, continue à écouter. Tu te dis envoyé pour nous apprendre à rendre le culte au Grand Esprit d'une manière qui lui soit agréable ; et tu prétends que si nous ne prenons pas la religion que vous, les Blancs, vous prêchez, nous serons malheureux ici-bas. Tu dis être dans le vrai et que nous sommes perdus. Comment pourrions-nous vérifier la vérité de tes paroles ? Nous savons que votre religion est écrite dans un livre. Si elle nous avait été destinée, comme elle l'est pour vous, pourquoi le Grand Esprit ne nous a-t-il pas donné — à nous et à nos ancêtres — la connaissance de ce livre et les moyens de le comprendre correctement ? Nous n'en connaissons que ce que vous racontez. Nous avons été si souvent trompés par l'homme blanc ; comment savoir quand on peut le croire ?

Frère, tu dis qu'il n'y a qu'une façon d'adorer et de servir le Grand Esprit. S'il n'y a qu'une religion, pourquoi le peuple blanc est-il si partagé à ce sujet ? Pourquoi n'êtes-vous pas tous d'accord, si vous pouvez tous lire le livre ?

Frère, nous ne comprenons pas ces choses. On nous dit que ta religion a été donnée à tes ancêtres, et s'est transmise de père en fils. Nous avons aussi une religion que nos ancêtres ont reçue et nous ont transmise, à nous, leurs enfants. Nous rendons le culte de cette manière. Il nous apprend à être reconnaissants pour toutes les faveurs que nous recevons, à nous aimer les uns les autres et à être unis. Nous ne nous querellons jamais à propos de religion parce que c'est un sujet qui concerne chaque homme devant le Grand Esprit.

Frère, nous ne voulons pas détruire ta religion, ni te la voler ; nous voulons seulement jouir de la nôtre.

Frère, on nous a dit que tu avais prêché parmi les hommes blancs aux alentours. Ces gens sont nos voisins : nous les connaissons. Nous attendrons un peu et verrons les effets que tes prédictions ont eus sur eux. Si nous trouvons qu'ils deviennent meilleurs, plus honnêtes et moins disposés à tromper les Indiens, nous reconsidérerons ce que tu nous as dit.

Frère, tu as maintenant entendu nos paroles et c'est tout ce que nous avons à dire pour l'instant. Comme nous allons partir, nous viendrons te serrer la main, souhaitant que le Grand Esprit te protège pendant ton voyage et te ramène sans incident à tes amis.

*

Red Jacket ne manquait aucune occasion pour montrer son hostilité à l'égard du christianisme. Faisant allusion au malheureux missionnaire Cram, il disait, en jouant sur son nom qui signifie gaver en anglais : « Les hommes blancs, non contents du mal qu'ils ont fait à mon peuple, voudraient en plus lui faire avaler leurs doctrines. » Quand on lui demanda, en 1824, la raison de son opposition aux missionnaires, il répondit :

Ils ne nous sont d'aucune utilité. Si les Blancs n'ont pas besoin d'eux et qu'ils ne leur sont d'aucun secours, pourquoi les envoient-ils chez les Indiens ? Si l'homme blanc a besoin d'eux et qu'ils lui sont secourables, pourquoi ne les garde-t-il pas chez lui ? Ils [les hommes blancs] sont assez mauvais pour avoir besoin du travail de tous ceux qui peuvent les rendre meilleurs. Ces hommes [les missionnaires] savent que nous ne comprenons pas leur religion. Nous ne pouvons pas lire leur livre — ils nous racontent des histoires différentes sur ce qu'il contient ; nous pensons qu'ils font parler le livre selon leurs besoins. Si nous n'avions ni argent, ni terre, ni pays, rien dont nous puissions être volés, ces manteaux-noirs ne se soucieraient pas de notre bien dans l'au-delà. Le Grand Esprit ne nous punira pas pour ce que nous ne savons pas. Il rendra justice à ses enfants rouges. Ces manteaux-noirs parlent au Grand Esprit et demandent que nous voyions la lumière comme eux, lorsqu'eux-mêmes sont aveugles et en désaccord sur la lumière qui les guide. Ces choses que nous ne comprenons pas, et cette lumière qu'ils nous donnent, obscurcissent et rendent morne le chemin droit et clair ouvert par nos pères.

Les manteaux-noirs nous disent de travailler et de planter le maïs quand eux-mêmes ne font rien et mourraient de faim si personne ne leur donnait à manger. Ils ne font que prier le Grand Esprit ; mais cela ne fera pas pousser le maïs et les pommes de terre ; la preuve, c'est qu'il leur faut mendier leur nourriture. L'homme rouge ne connaissait pas le malheur jusqu'à ce que l'homme blanc vînt ; aussitôt que les hommes blancs eurent traversé les grandes eaux, ils voulurent notre pays et en échange ils nous proposaient toujours de prendre part à leurs querelles religieuses. Red Jacket ne peut être l'ami de tels hommes. S'ils [les Indiens] étaient élevés par les hommes blancs et apprenaient à travailler et à lire comme eux, cela ne ferait qu'aggraver leur situation... Nous sommes peu nombreux et faibles, mais nous vivrons longtemps et heureux si nous nous accrochons à notre pays et à la religion de nos pères.

*

Le chef Flying Hawk, un Sioux du clan des Oglalas, était le neveu de Sitting Bull et le frère de Kicking Bear qui fut l'un des initiateurs de la danse des esprits. Flying Hawk était né aux alentours de la pleine lune de mars 1852 à quelques miles au sud de Rapid City. Jeune, il prit part aux guerres tribales qui opposèrent les Crows et les Piegans et, à vingt-quatre ans, il se battit au côté du grand chef Crazy Horse quand Custer fut écrasé à Little Big Horn en 1876. Il devint chef à trente-deux ans. Plus tard, Flying Hawk devait rejoindre le cirque de Buffalo Bill, le « Show Ranch 101 » du colonel Miller et le « Sells-Floto Circus » avec lesquels il voyagea dans tout le pays. Il mourut à Pine Ridge, Dakota du Sud, en 1931. Dans ses vieux jours il disait :

La vie dans un tipi est bien meilleure ; il est toujours propre, chaud en hiver, frais en été, facile à déplacer. L'homme blanc construit une grande maison, qui coûte beaucoup d'argent, ressemble à une grande cage, ne laisse pas entrer le soleil et ne peut être déplacée ; elle est toujours malsaine. Les Indiens et les animaux savent mieux vivre que l'homme blanc ; personne ne peut être en bonne santé sans avoir en permanence de l'air frais, du soleil, de la bonne eau. Si le Grand Esprit avait voulu que les hommes restassent dans un endroit, il aurait fait le monde immobile ; mais il a fait qu'il change toujours, afin que les oiseaux et les animaux puissent se déplacer et trouver toujours de l'herbe verte et des baies mûres ; la lumière du soleil permet de travailler et de jouer, la nuit de dormir ; l'été, les fleurs s'épanouissent et l'hiver elles dorment ; tout est changement ; chaque chose amène un bien ; il n'est rien qui n'apporte rien.

L'homme blanc n'obéit pas au Grand Esprit. Voilà pourquoi les Indiens ne peuvent être d'accord avec lui.

*

Wahunsonacock ou Powhatan était le chef régnant, et pratiquement le fondateur, de la confédération Powhatan en Virginie, pendant la période de la première colonisation anglaise. En 1607, il interroge le capitaine John Smith à Werowocomoco, en Virginie.

J'ai vu mourir deux générations de mon peuple. Je reste le seul homme des deux générations vivant aujourd'hui. Je connais mieux que personne dans ce pays la différence entre la paix et la guerre. J'ai vieilli maintenant et je mourrai bientôt ; mon autorité ira à mes frères Opitchapan, Opechancanough et Catatough ; puis à mes deux sœurs et ensuite à mes deux filles. Je leur souhaite d'en savoir autant que moi, et que votre amour pour eux soit comme le mien l'est pour vous. Pourquoi prendre par force ce que vous pouvez avoir tranquillement par l'amitié ? Pourquoi nous anéantir alors que nous vous fournissons votre nourriture ? Que pouvez-vous obtenir par la guerre ? Nous pouvons cacher nos provisions et nous réfugier dans les bois ; vous mourrez alors de faim pour avoir mal agi avec vos amis. Pourquoi êtes-vous jaloux de nous ? Nous sommes désarmés et prêts à vous donner ce que vous nous demandez si vous le faites en amis et non avec des épées et des pistolets comme si vous veniez faire la guerre à un ennemi. Je ne suis pas si naïf que je ne sache qu'il vaut mieux manger de la bonne viande, dormir confortablement, et vivre tranquillement avec mes femmes et mes enfants, être joyeux et rire avec l'Anglais, et faire le commerce pour leur cuivre et leurs hachettes, que de les fuir et de se coucher dans le froid des bois, de se nourrir de glands, de racines et d'autres ordures, et d'être pourchassé au point de ne pouvoir ni manger ni dormir. Dans ces guerres mes hommes seront debout et sur leurs gardes, et au moindre craquement de brindille ils s'écrieront : « Voilà le Capitaine Smith ! » Ainsi je terminerai ma misérable existence. Remportez vos pistolets et vos épées, causes de notre jalousie, ou vous pourriez mourir tous de la même façon.

*

Crazy Horse était un mystique, il était « vénéré et craint de tous ». Chef sioux Oglala, il dédaignait la vie de réserve et prenait un grand plaisir aux expéditions contre les Crows ou les Mandans. Quand les Sioux prirent le sentier de la guerre en 1875, s'élevant ainsi contre l'occupation des Black Hills par les Blancs et contre leurs abus, Crazy Horse et Sitting Bull eurent le commandement des hostilités. Les bandes de Sitting Bull et de Crazy Horse étaient réunies en 1876 lorsqu'elles anéantirent les troupes de Custer. Le printemps suivant, poursuivi par le général Miles à Bighorn Mountains, Crazy Horse fut contraint à se rendre. Soupçonné de fomenter de nouveaux troubles, il fut mis aux arrêts en septembre 1877 et il trouva la mort en tentant une évasion.

À la différence de beaucoup d'Indiens célèbres, Crazy Horse n'a jamais permis qu'on le photographiât et répondait indifféremment à toute demande d'un photographe : « Ami, pourquoi veux-tu raccourcir mon existence en m'enlevant mon ombre ? » Il s'opposa toujours fermement à l'homme blanc. Dans le passage qui suit il nous donne un échantillon de ses opinions sur l'invasion des terres de son peuple par l'homme blanc.

Hommes blancs ! On ne vous a pas demandé de venir ici. Le Grand Esprit nous a donné ce pays pour y vivre. Vous aviez le vôtre. Nous ne vous gênions nullement. Le Grand Esprit nous a donné une vaste terre pour y vivre, et des bisons, des daims, des antilopes et autres gibiers. Mais vous êtes venus et vous m'avez volé ma terre ; vous tuez mon gibier ; il devient alors dur pour nous de vivre. Maintenant, vous nous dites que pour vivre il nous faut travailler ; or le Grand Esprit ne nous a pas faits pour travailler, mais pour vivre de la chasse.

Vous autres, hommes blancs, vous pouvez travailler si vous le voulez. Nous ne vous gênons nullement ; mais à nouveau vous nous dites pourquoi ne devenez-vous pas civilisés ? Nous ne voulons pas de votre civilisation ! Nous voulons vivre comme le faisaient nos pères, et leurs pères avant eux.

Le grand homme ne voulait qu'une petite, toute petite terre de la taille d'une peau de buffle où il ferait pousser les légumes pour sa soupe. C'est alors que nous aurions dû découvrir la fourberie de son esprit.

Point de vue delaware,
transmis par la tradition orale,
lors de la première arrivée des Hollandais
sur l'île de Manhattan, vers 1609.

Chaque année notre envahisseur blanc devient plus avide, exigeant, oppressif et autoritaire... La misère et l'oppression, tel est le lot qui nous échoit... Ne sommes-nous pas dépouillés, jour après jour, du peu de liberté qui nous reste ?... À moins que les tribus ne se liguent unanimement pour modérer les ambitions et l'avidité des Blancs, ils nous auront bientôt tous conquis et désunis, nous serons chassés de notre pays natal et éparpillés comme des feuilles d'automne par le vent.

Tecumseh, un chef shawnee,
dans un discours en 1812.

Le grand chef sioux Hehaka Sapa, ou Black Elk (Wapiti Noir), approchant la soixantaine et presque aveugle, se remémore l'invasion des terres de son peuple par l'homme blanc, entre 1863 et 1890 ; il raconte avec tristesse comment les Blancs traitaient les bisons. « L'hiver du massacre des cent » auquel il fait allusion, est la bataille de Fetterman communément décrite comme une « tuerie » dans laquelle le capitaine Fetterman et quatre-vingt-un de ses hommes devaient trouver la mort à Peno Creek, près de Fort Phil Kearney, le 21 décembre 1866.

Je peux me rappeler l'hiver du massacre des cent (1866) comme on se rappelle un mauvais rêve qu'on a fait dans son enfance ; mais je ne puis guère distinguer ce que j'ai appris étant adulte de ce que j'ai compris enfant. On dirait quelque chose d'effrayant dans un brouillard ; c'est que l'époque était aux troubles et à la peur.

Je n'avais encore jamais vu de Wasichu [d'homme blanc] et je ne savais pas de quoi ils pouvaient avoir l'air ; mais tout le monde disait que les Wasichus allaient venir, qu'ils nous prendraient nos terres, nous extermineraient et qu'il nous faudrait tous mourir au combat. Jadis nous étions heureux sur nos terres et nous avions rarement faim parce qu'alors les *deux-jambes* [êtres humains] et les *quatre-jambes* [animaux quadrupèdes] vivaient ensemble comme une grande famille et il y avait assez de tout, pour eux comme pour nous. Mais les Wasichus sont venus et ils ont fait de petits îlots pour nous et d'autres petits îlots pour les *quatre-jambes* et ces îlots deviennent toujours plus petits devant la marée montante des Wasichus, marée sale de tromperies et d'avidité.

J'avais dix ans cet hiver-là, quand pour la première fois je vis un Wasichu. D'abord j'imaginai qu'ils étaient tous malades, et j'avais peur qu'ils n'engagent à tout instant le combat avec nous, puis je me suis habitué à eux.

Je peux me rappeler l'époque où les bisons étaient si nombreux qu'on ne pouvait les compter, mais les Wasichus les ont tués tant et tant qu'il ne reste que des carcasses là où ils venaient paître auparavant. Les Wasichus ne les tuaient pas pour manger ; ils les tuaient pour le métal qui les rend fous et ils ne gardaient que la peau pour la vendre. Parfois, ils ne les dépeçaient même pas ; ils ne prenaient que les langues et j'ai entendu parler de bateaux-de-feu descendant le Missouri chargés de langues de bison séchées. Ceux qui ont fait cela étaient des fous. Parfois, ils ne prenaient même pas les langues ; ils les tuaient simplement pour le plaisir de tuer. Quand nous chassions le bison, nous ne le faisions que selon nos besoins.

*

Ces paroles sont celles de Speckled Snake, un Creeck âgé de plus de cent ans en 1829, au moment où le président Andrew Jackson recommande que tous les Creeks, Chickasaws, Cherokees, Choctaws et Séminoles quittent leurs terres de l'Est et aillent s'installer dans l'Ouest, hors du chemin des Blancs, au-delà du Mississippi.

Frères ! J'ai écouté beaucoup de discours de notre vénérable Père. Quand il est arrivé par les grandes eaux, il n'était qu'un petit homme... tout petit. Les jambes engourdies d'être resté trop longtemps dans la position assise sur son gros bateau, il mendia un peu de terre pour y allumer son feu... Mais l'homme blanc s'est chauffé au feu des Indiens et nourri de leur semoule et il est devenu très grand. D'une seule enjambée, il passait les montagnes et ses pieds couvraient les plaines et les vallées. Ses mains ont agrippé les mers de l'Est et de l'Ouest, et sa tête reposait sur la lune. Puis il devint notre père vénérable. Il aimait ses fils rouges et disait : « Éloigne-toi quelque peu, que je ne te piétine pas... »

Frères, j'ai écouté beaucoup de discours de notre vénérable père, et ils commençaient et finissaient toujours ainsi : « Éloigne-toi quelque peu, tu es encore trop près de moi. »

*

La tribu qui porte aujourd'hui le nom de Mojave-Apaches, habitait à l'origine Verde Valley en Californie ; comme les Apaches, elle était hostile à l'invasion américaine de ses terres. Elle fut conquise en 1874 et placée dans une réserve à San Carlos County dans l'Arizona, avec les Apaches ; c'est de cette association qu'ils tirent leur nom. Dans son « The Indian's Book », Natalie Curtis décrit leur exode vers San Carlos County : « On a promis à ces Indiens s'ils restaient en paix et adoptaient la manière de vivre des Blancs, qu'une fois civilisés, ils seraient autorisés à retourner dans leurs terres pour y vivre d'agriculture... Les Indiens tinrent fidèlement promesse. Mais, après vingt-neuf ans... ils trouvèrent leur terre de Verde Valley totalement occupée par les colons blancs. » Un honnête citoyen leur vint en aide et, continue Curtis, « obtint le pouvoir d'acheter aux colons des parcelles fertiles de Verde Valley pour les Indiens... Le jour de Noël 1903, la terre fut divisée entre eux. Cette nuit-là, les Indiens donnèrent une danse en honneur de leur "Sauveur" et, le remerciant pour la terre, ils dirent :

Nous voilà chez nous ; nous sommes redevenus des hommes. »

*

Le passage suivant, dans lequel Sitting Bull défend si vigoureusement ses usages et condamne ceux de l'homme blanc, témoigne de son éloquence.

Quel traité le blanc a-t-il respecté que l'homme rouge ait rompu ? Aucun. Quel traité l'homme blanc a-t-il jamais passé avec nous et respecté après ? Aucun. Quand j'étais enfant, les Sioux étaient maîtres du monde ; le soleil se levait et se couchait sur leurs terres. Ils menaient dix mille hommes au combat. Où sont les guerriers aujourd'hui ? Qui les a exterminés ? Où sont nos terres ? Qui les pille ? Quel homme blanc peut dire que je lui ai volé sa terre ou un seul de ses sous ? Pourtant, ils disent que je suis un voleur. Quelle femme blanche, même isolée, ai-je jamais capturée ou insultée ? Pourtant ils disent que je suis un mauvais Indien. Quel homme blanc m'a jamais vu saoul ? Qui est jamais venu à moi affamé et reparti le ventre vide ? Qui m'a jamais vu battre mes femmes et tromper mes enfants ? Quelle loi ai-je donc violée ? Ai-je tort d'aimer ma propre loi ? Est-ce mal de ma part d'avoir la peau rouge ? Parce que je suis un Sioux ; parce que je suis né là où mon père vivait ; parce que je mourrais pour mon peuple et mon pays ?

*

Ce discours tenu par les chefs et les guerriers des tribus Ottawas et Chippewas, fut adressé au colonel Cadwell, surintendant des Affaires indiennes à Chenaille Ecarti, au Canada, le 3 août 1815. Avec finesse, les Indiens rappellent à l'homme blanc les promesses non tenues.

Père, écoutez,

Ce que vos enfants vont dire maintenant ; lorsque vous leur parliez, ils écoutaient. Aussi nous espérons que vous entendrez ce qu'ils vont dire.

Écoutez, je vais vous parler de ce qui a été promis à nos aïeux, par nos pères les Anglais.

Écoutez, vous promettiez à nos ancêtres de nous ouvrir votre esprit quand vous auriez quelque chose à nous dire et nous devions agir de même si nous avions à vous parler. Vous promettiez d'être toujours prêts à nous donner un conseil et de nous mettre sur la bonne voie ; nous devions, si nécessaire, vous aider à revenir sur vos erreurs.

Écoutez, vous disiez que nous étions sur cette île et que nous étions les Indiens que vous estimiez le plus. Mais maintenant que nos vieux chefs sont morts, il apparaît à tous les chefs et guerriers présents que leur Père a oublié ses anciennes promesses.

Écoutez, Père, vous aviez promis à nos ancêtres que jamais nous ne manquerions de quoi que ce fût dont vous abonderiez, que nos demandes seraient toujours satisfaites, que vous aviez assez de marchandises pour couvrir tous les arbres du Canada. Père, vous aviez promis beaucoup et vous n'avez rien tenu.

Père, vous nous aviez promis que le temps serait clair, que vos enfants porteraient tellement d'argent que, lorsqu'ils se regarderaient les uns les autres, ils se verraient aussi brillants que le soleil levant. Vous pensiez peut-être que nous avions oublié ces promesses faites à nos ancêtres. Vous nous disiez qu'assis tous ensemble sur le sol, nous verrions l'argent au-dessous de vous lorsque vous vous lèveriez. Vos enfants souhaitent vous rafraîchir la mémoire. Ils pensent que vous avez oublié toutes les promesses passées.

Père, vous voyez ce que vous nous avez promis. Notre Père, à Québec, nous envoie de nombreuses marchandises mais nous pensons qu'elles se perdent quand elles arrivent ici ; elles sont perdues pour les Indiens mais nous pensons que quelqu'un en profite...

Écoutez, Père, quand à Québec j'ai vu ces marchandises, j'ai dit à notre vénérable Père qu'elles ne parvenaient pas dans notre pays ; ce sont peut-être quelques souris blanches qui s'enfuient avec. Je suis sûr que ce n'est pas une souris noire... Père, je vous parle ainsi parce que lorsque vous veniez de Québec, vous nous faisiez les mêmes promesses — que vous ne mettriez rien dans votre poche, que tout ce qui arriverait nous serait distribué...

Voilà tout ce que j'avais à vous dire ; c'est l'opinion des chefs et jeunes gens ici présents. Nous souhaitons simplement rafraîchir la mémoire de notre Père…

*

Tah-gah-jute, ou Logan, le Mingo, était un chef Cayuga réputé né vers 1725 à Shamokin en Pennsylvanie. Il était très connu pour ses amitiés avec les Blancs. En 1774, des Indiens, dont les parents de Logan, furent brutalement massacrés par les colons, prétendument en représailles de l'assassinat d'émigrants blancs. Répudiant ses croyances premières, Logan fit la guerre pendant quelques mois aux colons des environs. Ce soulèvement fut réprimé, mais Logan refusa de se présenter à Chillicothe pour signer le traité et envoya ce message justifiant sa conduite.

J'en appelle à tout homme blanc : est-il jamais entré affamé dans la hutte de Logan sans qu'il lui donnât de la viande ; est-il jamais venu nu et transi sans qu'il le vêtît ?

Tout au long de la longue et sanglante dernière guerre, Logan est resté tranquillement dans sa hutte, plaidant pour la paix. Mon amour pour les Blancs était tel que mes frères rouges me montraient du doigt en passant et disaient : « Logan est l'ami de l'homme blanc. »

Je pensais même vivre avec vous, s'il n'y avait eu les blessures causées par un homme, le colonel Cressap, qui, au printemps dernier, sans avoir été provoqué, de sang-froid, assassina tous les parents de Logan, n'épargnant ni les femmes, ni les enfants.

Plus une goutte de mon sang ne coule dans les veines d'un être vivant. Cela réclamait une revanche et je l'ai cherchée ; j'ai beaucoup tué ; je me suis gorgé de ma vengeance. Pour mon pays, je me réchauffe maintenant aux rayons de la paix. Mais que l'idée ne vous vienne pas que cette joie cache la peur ! Logan n'a jamais connu la peur. Il ne tournera pas les talons pour sauver sa vie. Qui reste-t-il pour pleurer Logan ? Personne !

*

Les paroles qui suivent sont celles de Pachgantschilhilas, né dans la première moitié du dix-huitième siècle, devenu le chef de guerre de tous les Delawares résidant alors entre les rivières Miami et White dans le nord-est des États-Unis. Dans ce discours adressé aux Indiens Moraviens de l'Ohio — Indiens qui avaient été convertis par les missionnaires moraviens et qui vivaient séparés de leurs tribus — il les exhorte à quitter leur village où ils sont exposés aux agressions des frontaliers blancs et à se diriger vers un endroit plus sûr. John Heckewelder qui recueillit cette déclaration dans son livre « Account of the History, Manners, and Customs of the Indian Nations », poursuit ainsi : « Onze mois après ce discours fait par un chef prophétique, quatre-vingt-seize de ces Indiens chrétiens, dont soixante femmes et enfants, furent tués à l'endroit même où ces paroles avaient été prononcées, par les mêmes hommes auxquels il avait fait allusion et de la manière même qu'il avait décrite. »

J'admets qu'il y a de bons hommes blancs, mais leur nombre est sans comparaison avec celui des mauvais qui doivent être les plus forts puisqu'ils dominent. Ils font ce qui leur plaît. Ils asservissent ceux qui ne sont pas de leur couleur, bien qu'ils aient été créés par le même Grand Esprit que nous. Ils feraient de nous des esclaves s'ils le pouvaient. Comme ils n'y parviennent pas, ils nous tuent ! Aucune foi ne peut être accordée à leur parole. Ils ne sont pas comme les Indiens qui, ennemis pendant la guerre seulement, sont amis en temps de paix. Ils diront à l'Indien : « Mon ami, mon frère ! » Ils lui prendront la main et au même instant, le détruiront. Il en est ainsi pour vous, Indiens chrétiens, ils vous traiteront bientôt de la même façon. Souvenez-vous ! En ce jour je vous aurai conseillé de vous méfier d'amis comme ceux-là. Je connais les « longs couteaux » ; on ne peut leur faire confiance.

*

« *La cause essentielle de l'émigration à l'Ouest des Delawares et des Shawnees de Susquehanna vers l'Ohio* », *écrit George P. Donehoo dans* « *Carlisle and the Red Men of Other Days* », « *fut la débauche à laquelle ils furent incités par le commerce de rhum*

des marchands blancs. De sages chefs de ces tribus ne cessèrent de se plaindre de ce trafic. Les chasseurs y perdaient leurs fourrures et peaux, les guerriers leur humanité et les femmes leur vertu. » Mais le rhum continua à affluer et pénétrait dans la plupart des villages indiens. Les chefs s'opposaient constamment à la vente du rhum qu'ils considéraient comme la plus effroyable malédiction que les Blancs leur eussent envoyée. Vaines objections. Les marchands continuèrent à s'enrichir paisiblement et les Indiens se mirent à vivre dans le désordre.
Scarouady, un chef Oneida et bon ami des Anglais, s'efforçant d'empêcher les marchands blancs de débaucher son peuple, fit un discours devant le premier conseil indien qui se tint à Carlisle, en Pennsylvanie, du 28 septembre au 4 octobre 1753.

Nous souhaitons que la Pennsylvanie et la Virginie cessent d'envahir nos terres au-delà des collines d'Alleghany. Nous vous conseillons plutôt de rappeler vos gens de ce côté-ci des collines afin qu'il y ait moins d'incidents et que vous ne pensiez pas de mal de nous. Vos marchands n'amènent maintenant que peu de poudre, de plomb et autres marchandises de valeur. Le rhum nous ruine. Nous vous prions d'en réglementer la vente afin d'empêcher qu'il arrive dans de telles quantités. Quand ces marchands de whisky viennent, ils apportent trente ou quarante tonnelets, les posent devant nous et nous enivrent, s'emparent des peaux qui devaient payer les dettes contractées avec les honnêtes marchands ; ainsi nous ne sommes pas les seuls à être ruinés ; les marchands honnêtes y perdent également. Une fois les Indiens ivres, ces maudits vendeurs de whisky leur font vendre jusqu'aux vêtements qu'ils ont sur le dos. En bref, si cette pratique doit continuer nous serons inévitablement ruinés.

*

Tecumseh, ou Shooting Star, était un chef de guerre Shawnee renommé, un célèbre orateur et un ardent opposant à l'envahisseur blanc. D'après un biographe indien « les Indiens étaient poussés au délire par son éloquence fougueuse ». Tecumseh organisa la seconde grande fédération indienne et fut fait brigadier général de l'armée anglaise durant la guerre de 1812.
Aux termes d'un traité passé à Fort Wayne en 1809, les Indiens cédèrent de vastes terres au gouvernement américain, à l'insu de Tecumseh. Le 12 août 1810, celui-ci rencontra à Vincennes le général W.H. Harrison, gouverneur du territoire de l'Indiana, qui avait représenté les États-Unis lors du traité de 1809. Tecumseh nia la validité de l'acquisition de la terre.

Je suis un Shawnee. Mes aïeux étaient des guerriers. Leur fils est un guerrier. Je ne leur dois que mon existence ; je ne dois rien à ma tribu. Je suis l'artisan de ma propre fortune et, oh ! si je pouvais en faire autant de mon peuple rouge et de mon pays afin qu'ils soient aussi grands que les conceptions qui me viennent à l'esprit quand je pense à l'Esprit qui dirige l'univers ! Je ne viendrais pas devant le général Harrison lui demander de déchirer le traité [de 1809] et de retirer les bornes ; non, je lui dirais : « Monsieur, vous avez la liberté de retourner dans votre pays. »

L'Esprit qui vit au fond de moi, en communion avec le passé, me dit que dans un temps pas très lointain, il n'y avait pas d'homme blanc sur ce continent, que tout alors appartenait au Grand Esprit qui le fit pour que nous pussions le conserver, le traverser, jouir de ses produits et le peupler de notre race, jadis heureuse et réduite depuis à la misère par l'homme blanc qui, jamais satisfait, empiète toujours sur nos terres.

La manière, la seule manière d'enrayer et d'arrêter cette calamité c'est que tous les hommes rouges s'unissent pour revendiquer un droit commun et égal sur cette terre, comme par le passé, et ainsi qu'il devrait en être aujourd'hui ; parce que jamais elle ne fut divisée dans le passé et qu'elle appartient à tous pour l'usage de chacun. Personne n'a le droit d'en vendre la moindre parcelle, pas même à tel ou tel d'entre nous et encore moins à ces étrangers, qui veulent tout et ne transigeront jamais. Les Blancs n'ont aucun droit sur la terre des Indiens : ils l'habitaient les premiers, c'est leur terre... Il ne peut y avoir deux occupants pour un même territoire. Le premier exclut tous les autres. Il n'en est pas de même lorsqu'on chasse ou qu'on voyage, puisqu'un même sol peut servir à beaucoup… mais le campement est fixe… il appartient de droit au premier qui s'assied sur la couverture ou sur la peau qu'il a déployée sur le sol et cela, jusqu'à ce qu'il le quitte.

*

En octobre 1811, les Shawnees descendirent du Nord et se rassemblèrent avec cinq mille autres Indiens, à l'occasion du grand conseil indien de Tukabatchi, sur la rive occidentale de la rivière Tallapoosa dans l'Alabama. C'est là que Tecumseh, face aux perpétuels empiètements des Blancs, lança son appel à la vengeance.

Maudite soit la race qui nous a pris nos terres et fait de nos guerriers des femmes. De leurs tombes, nos pères nous reprochent d'être devenus des esclaves et des lâches. Je les entends maintenant dans les vents qui hurlent… les esprits de la grande complainte des morts. Leurs larmes tombent des cieux gémissants. Que la race blanche périsse ! Les Blancs s'emparent de nos terres, ils corrompent nos femmes, ils piétinent les cendres de nos morts ! Qu'ils soient reconduits là d'où ils sont venus, sur une piste de sang !

*

Roman Nose était un guerrier célèbre, chef intrépide des Cheyennes du sud. Lorsque, entre 1864 et 1870, les colons blancs s'introduisirent sur les territoires sacrés des Cheyennes, Roman Nose et sa bande balayèrent la frontière du Kansas, se vengeant en attaquant les fermes des Blancs et les équipes qui construisaient la ligne de chemin de fer pour la Kansas Pacific Railroad. Lors d'un conseil tenu en 1866, près de Fort Ellsworth, Kansas, entre le général Palmer et les chefs des tribus cheyennes, Roman Nose s'éleva contre l'invasion de leur territoire.

Nous ne voulons pas des chariots qui font du bruit [locomotives à vapeur] sur les terrains de chasse aux bisons. Si les Visages Pâles s'avancent encore sur nos terres, les scalps de vos frères seront dans les wigwams des Cheyennes. J'ai dit.

*

Tatanka Yotanka ou Sitting Bull, guerrier sioux, chef de la tribu des Tétons Hunkpapas et, plus tard, un « rêveur » sacré. Il fut sur le sentier de la guerre presque continuellement entre 1869 et 1876. Les colons blancs affluaient sur les terres des Indiens et la découverte de gisements d'or dans la région des Black Hills fut, pour ces derniers, une catastrophe plus grave encore : en 1875, le gouvernement ordonnait aux Sioux d'abandonner leurs territoires de chasse de Powder River, pays octroyé par le traité de 1868. La guerre fut déclarée en 1876 pour faire appliquer l'ordre du gouvernement. Au conseil de Powder River, en 1877, Sitting Bull exprima son amour pour le sol natal, « un amour purement mystique » devait écrire son biographe. « Il aimait à dire [qu'un] bon pied peut entendre battre le cœur de la Sainte Terre... Levé avant l'aube, il baignait ses pieds nus en marchant dans la rosée du matin. »

Regardez, mes frères, le printemps est venu ; la terre a reçu les baisers du soleil et nous verrons bientôt les fruits de cet amour !

Chaque graine est éveillée et de même tout animal est en vie. C'est à ce pouvoir mystérieux que nous devons, nous aussi, notre existence et c'est pourquoi nous concédons à nos voisins, même à nos voisins animaux, autant de droit qu'à nous d'habiter cette terre.

Cependant écoutez-moi, mes frères, nous devons maintenant compter avec une autre race — petite et faible quand nos pères l'ont rencontrée pour la première fois, mais aujourd'hui devenue tyrannique. Fort étrangement, ils ont dans l'esprit la volonté de cultiver le sol et l'amour de posséder est chez eux une maladie. Ce peuple a fait des lois que les riches peuvent briser mais non les pauvres. Ils prélèvent des taxes sur les pauvres et les faibles pour entretenir les riches qui gouvernent. Ils revendiquent notre mère à tous, la terre, pour eux seuls et ils se barricadent contre leurs voisins ; ils la défigurent avec leurs constructions et leurs rebuts. Cette nation est comme un torrent de neige fondue qui sort de son lit et détruit tout sur son passage.

Nous ne pouvons vivre côte à côte. Il y a sept ans seulement nous avons signé un traité qui nous assurait que les terrains de chasse aux bisons nous seraient laissés pour toujours. Ils menacent maintenant de les reprendre. Mes frères, devons-nous nous soumettre ou devons-nous leur dire : « Tuez-moi d'abord avant de prendre possession de ma patrie ! »

*

Sitting Bull refusa constamment de se soumettre à la vie de réserve. « Dieu m'a fait Indien, disait-il, pas Indien de réserve. » Après la bataille de Little Big Horn en 1876, il s'enfuit au Canada où il fut autorisé à vivre en paix. Le fait qu'un Indien américain « renégat » soit bien traité au Canada était une source constante d'embarras pour le gouvernement américain. Finalement, une commission américaine conduite par le général Terry vint au Canada supplier Sitting Bull et sa petite bande de Sioux de retourner aux États-Unis et y vivre dans une réserve. À la demande du général Terry, Sitting Bull répondit d'abord en lui énumérant toutes les expériences de sa tribu avec le grand chef blanc et en lui rappelant les innombrables traités rompus et promesses non tenues. Après quoi il ajouta :

Pendant soixante-quatre ans vous avez persécuté mon peuple. Qu'avons-nous fait pour devoir quitter notre pays, je vous le demande ? Je vais vous répondre. Nous n'avions nulle part où aller, aussi nous nous sommes réfugiés ici. C'est de ce côté de la frontière que j'appris à tirer et devins un homme. Pour cette raison j'y suis revenu. On m'a talonné jusqu'à ce que, contraint d'abandonner mes propres terres, je vienne ici. J'ai été élevé dans la région et je serre aujourd'hui les mains de ces gens. [Il marcha à grandes enjambées vers le commissaire canadien Macleod et le surintendant Walsh, leur serra la main puis se tourna vers les commissaires américains.]

C'est ainsi que j'ai fait la connaissance de ces gens et c'est ainsi que je me propose de vivre. Nous n'avons pas donné notre pays ; vous vous en êtes emparés. Voyez comment ces gens me traitent [montrant la Police Montée du Nord-Ouest]. Regardez-moi. Vous me croyez dupe, mais vous l'êtes encore bien plus que moi. Cette maison, la maison de l'Anglais, est une maison sacrée [demeure de la vérité] et vous venez ici nous dire des mensonges ! Nous ne voulons pas les entendre. J'ai maintenant assez parlé. Vous pouvez vous en retourner. Ne dites plus rien. Emportez avec vous vos mensonges. Je resterai avec ce peuple. Le pays d'où nous venons nous appartenait ; vous nous l'avez pris ; nous vivrons ici.

*

Big Bear, natif de la région de Carlton, appartenait à la famille des Crees et fut un des grands Indiens de l'histoire du Canada. Il fut reconnu comme chef le jour de la signature du traité numéro six (le sixième des onze traités de la post-confédération du Canada), quand, à la tête d'un petit groupe d'Indiens obstinés, il refusa de se défaire du territoire de ses ancêtres. Il ne voulait pas accepter le fait que les jours de liberté étaient comptés pour son peuple. Lors du conseil réuni à Duck Lake, au Canada, le 31 juillet 1884, Big Bear plaida pour l'unité d'action des Indiens et dénonça la mauvaise foi des Blancs.

J'ai essayé d'obtenir ce qu'ils [les Blancs] m'avaient promis ; j'ai été tenace mais je n'ai pu l'avoir. Ce qu'ils devaient me donner sans détour, je n'en ai pas encore vu la moitié.

Nous avons tous été déçus de la même façon. C'est la raison de notre réunion à Duck Lake. Ils m'ont offert un endroit comme réserve. Mais, comme je doute qu'ils soient honnêtes, j'ai peur de m'y rendre. Ils m'ont donné à choisir entre plusieurs petites réserves, mais cela m'attriste d'abandonner la liberté de mes propres terres quand ils viennent à moi pour me proposer de misérables lopins pour que je m'y tienne, alors que je sais qu'ils ne me donneront pas, en retour, la moitié de ce qu'ils me promettent. Quand aurez-vous une grande réunion ? Je vois que vous n'êtes pas encore unis ; prenez le temps et unissez-vous, et je parlerai. Le gouvernement nous envoie ceux qui se croient des hommes. Ce ne sont pas des hommes. Ils n'ont aucune loyauté. Ce sont des bêtes peu agréables à regarder. Leurs visages sont dénaturés par la fourberie.

*

Mahpiua-Luta, ou Red Cloud, un des principaux chefs des Sioux Oglalas, naquit à la fourche de Plate River, Nebraska, en 1822. Toute sa vie il s'opposera à chaque tentative des Blancs de mener une route à travers le comté de Powder River, vers les régions riches en or du Montana. Un traité de 1851 ne donnait aux Blancs que le droit de passage sur le territoire indien. Nonobstant l'accord, ils construisirent des forts et commencèrent à ouvrir des routes. En 1866, dans un conseil à Fort Laramie, Wyoming, Red Cloud réitéra son refus de mettre en péril les territoires de son peuple, et s'élevant contre la mauvaise foi des Blancs, il s'adressa véhémentement à son peuple.

Écoutez tous, Dakotas ! Quand le Père Vénérable à Washington nous a envoyé son chef-soldat [le général en chef William S. Harney] pour nous demander un passage à travers nos territoires de chasse, une route pour le fer des montagnes et la mer de l'ouest, on nous a dit qu'ils souhaitaient seulement passer à travers nos terres, non pour s'y arrêter, mais pour aller chercher l'or dans l'Ouest lointain. Nos vieux chefs pensaient faire témoignage d'amitié et de bonne volonté et permirent que ce dangereux serpent se glissât parmi nous...

Avant même que les cendres du feu du conseil se fussent refroidies, le Père Vénérable a fait construire ses forts chez nous. Nous avons entendu le son de la hache du soldat blanc près de Little Piney. Sa présence ici est une insulte et une menace. C'est une insulte aux esprits de nos ancêtres. Allons-nous les laisser cultiver le maïs sur leurs tombes sacrées ? Dakotas, je suis pour la guerre !

*

La Commission Dawes, établie par le gouvernement des États-Unis pour enquêter sur la vie des Indiens Choctaws et Chickasaws, recommandait la suppression de leurs gouvernements tribaux, la redistribution de leurs terres, l'institution d'un gouvernement territorial et l'octroi aux habitants de la citoyenneté américaine. Les diverses justifications étaient « qu'un gouvernement tribal n'offre aucune garantie de protection à la vie humaine » ou encore que les meilleures terres étaient monopolisées par quelques individus et que beaucoup d'enfants blancs étaient maintenus dans l'ignorance dans ces territoires indiens par manque d'établissements scolaires. Sur ce dernier point les Indiens répondirent que ces terres étaient à eux, non à l'homme blanc. « Il y a longtemps, disaient-ils, que nous avons donné notre surplus [de terre] au gouvernement pour qu'il les distribue aux hommes blancs... Si nous avons fait ce don, c'est pour une large part en considération de la garantie solennelle des États-Unis, contenue dans un traité, que le pied de l'homme blanc ne foulerait pas nos nouvelles terres et qu'aucun gouvernement territorial ou d'État ne s'étendrait sur nous sans notre consentement. Et maintenant nous devons répondre à l'argument selon lequel tant de Blancs habitent notre pays... que pour les protéger, nous devons renoncer à nos gouvernements tribaux, voir nos terres redivisées et consentir à être dominés par un gouvernement territorial ! »

La réponse au rapport de la commission Dawes fut adressée vers 1895 au président des États-Unis, au Sénat et à la Chambre des représentants, par la voix des délégués de la Nation Choctaw et Chickasaw en territoire indien. La voici :

Nous souhaitons évoquer un peu l'histoire de notre peuple. Les Choctaws et Chickasaws n'ont jamais coûté un sou d'aide aux États-Unis. Ils se sont toujours suffi à eux-mêmes, hier comme aujourd'hui. On sait qu'il y a un peu plus d'un demi-siècle, les Choctaws et les Chickasaws habitaient à l'est du Mississippi. Leurs possessions étaient vastes et riches, et d'une grande valeur. Les Blancs commencèrent à affluer chez nous dans l'est comme maintenant dans l'ouest. Le gouvernement des États-Unis nous pressa d'abandonner nos précieuses possessions afin d'y installer un peuple et nous pria d'accepter de nouvelles réserves à l'ouest du grand Mississippi, nous assurant que nous y serions à l'abri de l'invasion de l'homme blanc. Sous condition que le gouvernement nous protégeât d'une nouvelle invasion, qu'il nous offrît les terres en échange en nous en certifiant la propriété et nous donnât, par traité solennel, la garantie qu'aucun gouvernement territorial ou d'État ne s'étendrait sur nous sans notre consentement, nous avons consenti à livrer et à abandonner nos terres et, le cœur lourd, nous avons tourné le dos aux tombes de nos pères ; tristes, nous avons pris le chemin de nos nouvelles terres dans les régions hostiles de l'ouest du Mississippi. Après de longues et épuisantes marches, après avoir souffert bien des maux et perdu nombre des nôtres, nous atteignîmes notre nouvelle réserve avec, pour seule consolation, l'espoir que jamais plus nous ne serions inquiétés. Là, dans la forêt sauvage et la nature rebelle, avec pour seuls voisins les bêtes et les animaux, nous avons travaillé à bâtir nos maisons et à établir des gouvernements convenant à notre peuple.

En 1855, à la demande des États-Unis, nous louâmes et vendîmes la totalité de la partie occidentale de notre réserve, s'élevant à douze millions d'acres, afin d'y loger les Blancs et quelques Indiens amis. En 1866, toujours à la demande pressante du gouvernement, nous abandonnâmes toute la partie louée pour y loger les Indiens amis et la cédâmes pour la même raison. Et de nouveau, en 1890 et 1891, nous nous séparons de... trois millions d'acres... qui seront occupées par les Blancs. Maintenant, après moins de cinq années, il nous est demandé de renoncer à nos gouvernements tribaux et d'accepter un gouvernement territorial à la place ; de morceler nos terres et de devenir les enfants des États-Unis et, qui pis est, on nous l'impose cette fois par la force, sans même se préoccuper de notre consentement. À notre avis, un tel bouleversement annihilerait l'Indien en peu d'années…

Nous demandons à tout homme épris de justice s'il est légitime qu'un gouvernement grand et puissant demande, année après année, la cession des terres d'un peuple faible et dépendant sous prétexte de fournir des maisons aux sans-logis. Alors que le gouvernement des États-Unis, notre gardien, admet dans l'Union, année après année, des indigents étrangers à raison de deux cent cinquante mille par an, devons-nous sacrifier nos terres et nos enfants à cet apport d'indigents ?

Nous avons vécu avec notre peuple toute notre vie et pensons les connaître mieux que n'importe quelle commission peut le faire après quelques visites, aussi bonne et intelligente soit-elle… près des voies de chemin de fer et des villages peu fréquentés par les Indiens et où il vit bien peu de gens… Ils [les hommes blancs] n'ont que faire du sort de l'Indien, ne cherchant qu'à satisfaire leur propre rapacité.

L'homme qui s'est assis sur le sol de son tipi, pour méditer sur la vie et son sens, a su accepter une filiation commune à toutes les créatures et a reconnu l'unité de l'univers ; en cela, il infusait à son être l'essence même de l'humanité. Quand l'homme primitif abandonna cette forme de développement, il ralentit son perfectionnement.

Chef Luther Standing Bear.

En mai 1847, l'article intitulé « Limites territoriales, noms géographiques et pistes des Iroquois » fut distribué à l'occasion d'une séance de la Société d'Histoire de New York. Pour répondre à une déclaration selon laquelle « les Iroquois n'ont laissé aucun monument », Wo-o-wo-wa-no-onk (Docteur Peter Wilson), un chef Cayuga cultivé, était présent et fit l'intervention suivante :

Cette terre de Ganono-o, ou « Empire State » comme vous aimez à l'appeler, était autrefois sillonnée par nos pistes d'Albany jusqu'à Buffalo — pistes que nous avons foulées pendant des siècles — pistes si profondément gravées par les pieds des Iroquois qu'elles devinrent vos routes lorsque vos possessions absorbèrent peu à peu celles de mon peuple. Vos routes traversent encore ces mêmes lignes de communication, reliant une extrémité à l'autre de Long House. La terre de Ganono-o, l'Empire State, voilà notre monument ! Nous n'occuperons plus longtemps beaucoup d'espace en vivant ; le seul arbre parmi des milliers qui abritaient nos ancêtres — un vieil orme sous lequel les dignitaires des tribus avaient l'habitude de se rencontrer — nous abritera tous ; mais nos corps seront enlacés dans la mort parmi ses racines, sur le sol même où il a poussé ! Peut-être qu'il ne vivra pas longtemps quand il ne sera plus fertilisé par leurs cendres…

Au cours de la dernière guerre contre les Anglais, vos frères rouges — vos frères aînés — sont encore venus vous aider comme autrefois sur la frontière du Canada ! N'avons-nous plus aucune part dans votre histoire, nous, les premiers habitants de ces terres florissantes ? Vos pères étaient contents de s'asseoir sur le seuil de la grande maison et ils se trouvaient riches en recueillant les simples balayures à leur porte. Nos ancêtres vous ont-ils repoussés avec mépris quand les Français tonnaient avec leurs canons pour se frayer un passage et vous repousser à la mer ? Quel qu'ait été le destin des autres Indiens, les Iroquois pourraient avoir été une nation ; et moi, au lieu de solliciter le privilège de vivre à l'intérieur de vos frontières, je pourrais avoir un pays !

*

Né l'été de 1848 près de Billings, dans le Montana, Plenty Coups ou Aleek-chea-ahoosh (Nombreux-Exploits) reçut son nom de son grand-père qui dit : « J'ai rêvé qu'il accomplirait d'abondants exploits et qu'il vivrait longtemps ; mon rêve m'a dit aussi qu'il serait un chef — le plus grand chef que notre peuple ait jamais eu », prophétie qui se réalisera plus tard. Plenty Coups mourut en 1932, peu après avoir légué ses terres au peuple américain, soit deux cents acres situées dans une vallée du sud-ouest du Montana, pour en faire un parc « mémorial de la nation Crow » et « témoignage d'amitié envers tous les peuples, rouges et blancs ». Selon ses volontés, il fut enterré derrière sa maison, dans le bouquet de peupliers qu'il avait planté dans sa jeunesse. Le passage suivant est extrait de son autobiographie.

À l'âge de quarante ans j'ai vu que notre pays changeait très rapidement et que nous allions être amenés à vivre différemment. On voyait bien qu'il n'y aurait bientôt plus de bisons dans les plaines. Comment allions-nous vivre après leur disparition ? Il n'y eut que peu d'expéditions de guerre et presque aucun raid… Les hommes blancs, avec leurs bisons tachetés [bestiaux], nous encerclaient. Dans les plaines, leurs maisons étaient proches des points d'eau et leurs villages au bord des rivières. Nous avions décidé d'être amis avec eux, en dépit des changements qu'ils amenaient. Mais cela s'est avéré difficile parce qu'ils promettaient une chose trop souvent et qu'au moment d'agir ils en faisaient une autre.

Ils annonçaient bien haut que leurs lois étaient faites pour tout le monde, mais il fut tout de suite clair que, tout en espérant nous les faire adopter, ils ne se gênaient pas pour les briser eux-mêmes. Ils nous disaient de ne pas boire de whisky, mais ils en fabriquaient et nous l'échangeaient contre des fourrures et des couvertures jusqu'à leur disparition presque totale. Leurs sages nous conseillaient d'adopter leur religion mais nous découvrîmes vite qu'il en existait un grand nombre. Nous ne pouvions les comprendre et deux hommes blancs étaient rarement d'accord sur celle qu'il fallait prendre. Cela nous gêna beaucoup jusqu'au jour où nous comprîmes que l'homme blanc ne prenait pas plus sa religion au sérieux que ses lois ; il les gardait à portée de la main, comme des instruments, pour les employer à sa guise dans ses rapports avec les étrangers. Nous en usions autrement. Nous conservions les lois que nous avions faites et nous vivions notre religion. Nous n'avons jamais pu comprendre l'homme blanc ; il ne trompe personne d'autre que lui-même.

*

Enfant, le chef Luther Standing Bear est allé à l'école de l'homme blanc à Carlisle. « Je me souviens qu'avec les autres enfants, en route pour l'école de Carlisle, nous pensions marcher vers la mort qui nous viendrait des mains de l'homme blanc ; les garçons les plus âgés entonnèrent des chants de bravoure afin de mourir conformément au code des Lakotas — sans peur... Le chant de bravoure fortifie quiconque doit affronter une dure épreuve et chasse les esprits tremblants. » Ici, dans un passage extrait de son autobiographie, « Land of the Spotted Eagle », il parle de cette expérience et de certaines des coutumes les plus ordinaires de l'homme blanc qui parurent des plus choquantes et malsaines à l'Indien.

L'habillement de l'homme blanc adopté par les Lakotas devait changer pour beaucoup le bien-être physique de la tribu, et à l'école de Carlisle, où le changement du costume tribal pour celui de l'homme blanc fut brutal, les effets sur la santé et le confort des enfants furent considérables. Notre premier grief fut d'avoir les cheveux coupés. Les hommes Lakotas ont toujours porté les cheveux longs et les anciens de la tribu portent encore les cheveux de cette manière. Tout d'abord, en entendant la règle, certains des garçons les plus âgés parlèrent de résister ; ensuite, réalisant l'inutilité de leur geste, ils s'y résignèrent. Mais pendant plusieurs jours, après avoir été tondus, nous nous sommes sentis bizarres et mal à l'aise. Si l'argument avancé était vrai, à savoir que les enfants avaient besoin d'être dépouillés, pourquoi les filles n'avaient-elles pas subi le même traitement que les garçons ? La vérité, c'est qu'ils voulaient nous transformer ; or les cheveux courts étant la marque distinctive de l'homme blanc, on nous l'imposa, alors que lui-même conservait sa propre coutume de se laisser pousser les poils du visage.

Notre deuxième grief, concernant le pantalon, était fondé sur ce que nous tenions pour les meilleures raisons hygiéniques. Nos corps étaient habitués à des bains permanents de soleil, d'air, de pluie, et la fonction des pores de notre peau, qui était en réalité un appareil respiratoire hautement développé, fut arrêtée d'un coup par les pantalons de lourd tissu absorbant la sueur ; on nous infligea de plus l'affreux tourment — les sous-vêtements en flanelle rouge. Les cols durs, les plastrons et chapeaux melons ne méritaient aucune louange et furent, avec les lourdes bottes de cuir grinçant, des instruments de torture que nous endurions parce que lorsque nous les portions nous pensions être « chic ». On s'est souvent moqué de notre manière primitive de nous vêtir, mais que peut-on comparer à la folie totale des corsets de baleines d'acier et à l'énorme tournure des robes que nos filles adoptèrent après quelques années à l'école ?

Certaines petites manières et pratiques sont parfois liées à des idées plus grandes et plus profondes et c'est pour des raisons de cet ordre que les Lakotas n'aimaient pas les mouchoirs de poche et trouvèrent dégoûtante l'utilisation de cet article de toilette par l'homme blanc. L'Indien, vivant essentiellement en plein air, n'avait pas besoin de mouchoir, il était pratiquement immunisé contre le rhume et, comme l'animal, n'avait pas l'habitude de cracher. Le Blanc, étant essentiellement un homme d'intérieur, souffrait de rhumes, catarrhes, bronchites et maladies de la même famille. Il était un tousseur et un cracheur et l'utilisation constante du tabac aggravait ses maux. Pour lui le mouchoir était un article de toilette indispensable. On peut aisément comprendre pourquoi l'Indien considérait l'usage du mouchoir comme une habitude répugnante.

D'après l'homme blanc, en choisissant de revenir à ses manières et à ses vêtements tribaux, l'Indien « revient à la couverture ». C'est vrai mais ce retour à la couverture, s'il ne l'a pas sauvé, a retardé sa destruction finale. S'il avait été aussi soumis en esprit que de corps, il serait mort dans le siècle suivant sa sujétion. Mais l'esprit inextinguible l'a sauvé — son attachement aux usages indiens, à la pensée indienne, à la tradition, l'a préservé et continue à le préserver aujourd'hui. Les manières de l'homme blanc n'étaient pas les siennes et beaucoup des nouveautés qu'il a essayé d'adopter se sont avérées désastreuses, à sa grande honte. Si l'Indien avait pu prévoir la flatterie et la ruse de son oppresseur européen et conserver son honnêteté et sa sincérité primitive, s'il avait fui le whisky et évité la maladie, et pu demeurer le parangon de force et de santé qu'il était alors, peut-être serait-il aujourd'hui traité en homme et non relégué dans une réserve. Mais nombre d'Indiens sont parvenus à leur salut individuel en « retournant à la couverture ». La couverture indienne ou robe de bison, vêtement américain authentique, portée avec la conscience de sa signification, abritait dans la personne de l'Indien américain un des efforts les plus courageux jamais faits par l'homme sur ce continent pour s'élever au faîte de la véritable humanité.

Habiller faussement un homme ne peut qu'affliger son esprit et le rendre incongru et ridicule ; je supplie l'Indien américain de conserver son costume tribal.

*

Tatanga Mani, un Indien Stoney, dans ce passage de son autobiographie, commente l'éducation qu'il a reçue chez les hommes blancs.

Oh oui ! Je suis allé à l'école des hommes blancs, j'ai appris à lire leurs livres de classe, les journaux et la bible. Mais j'ai découvert à temps que cela n'était pas suffisant. Les peuples civilisés dépendent beaucoup trop de la page imprimée. Je me tournai vers le livre du Grand Esprit qui est l'ensemble de sa création. Vous pouvez lire une grande partie de ce livre en étudiant la nature. Vous savez, si vous prenez tous vos livres et les étendez sous le soleil en laissant, pendant quelque temps, la pluie, la neige et les insectes accomplir leur œuvre, il n'en restera plus rien. Mais le Grand Esprit nous a fourni la possibilité, à vous et à moi, d'étudier à l'université de la nature les forêts, les rivières, les montagnes, et les animaux dont nous faisons partie.

*

Cette déclaration est extraite de l'autobiographie du chef Luther Standing Bear publiée en 1933.

L'homme blanc ne comprend pas les Indiens pour la raison qu'il ne comprend pas l'Amérique. Il est trop éloigné du cours de sa formation. Les racines de l'arbre de sa vie n'ont pas encore agrippé les pierres et le sol. L'homme blanc est encore troublé par des peurs primitives ; il a encore présent à l'esprit les périls de ce continent frontière ; quelques-unes de ses immensités n'ont pas encore cédé devant ses marches investigatrices et ses regards interrogateurs. Il frissonne encore au souvenir de ses ancêtres perdus dans ces déserts torrides, affrontant ces sommets interdits. L'homme venu d'Europe est encore un étranger. Et il hait encore cet homme qui interrogeait ses traces tout au long du continent. Chez les Indiens, l'esprit de la terre est tout entier investi ; il en sera ainsi jusqu'à ce que d'autres hommes soient capables de deviner et de se soumettre à son rythme. Les hommes doivent naître et renaître pour en faire partie. Leurs corps doivent être formés avec la poussière des os de leurs ancêtres.

*

Né en mars 1890 Sun Chief a été élevé parmi les Hopis à Oraibi, Arizona. Dans sa jeunesse il suivit les cours du Sherman Institute à Riverside, en Californie, où il acquit une bonne connaissance de l'anglais et s'adapta vite aux manières de l'homme blanc. Pourtant, il retournera plus tard vivre avec son peuple à Oraibi. Entre 1938 et 1941 il écrivit l'histoire de sa vie ; l'extrait qui suit est un commentaire sur ses premières expériences.

J'ai appris beaucoup de mots anglais et je pourrais réciter en partie les Dix Commandements. Je savais comment dormir dans un lit, prier Jésus, peigner mes cheveux, manger avec un couteau et une fourchette et utiliser les toilettes... J'ai aussi appris qu'une personne pense avec sa tête au lieu de son cœur.

*

Chiyesa, écrivain célèbre, jette un regard sur le passé.

Enfant, je savais donner ; j'ai perdu cette grâce en devenant civilisé. Je menais une existence naturelle, alors qu'aujourd'hui je vis de l'artificiel. Le moindre joli caillou avait de la valeur à mes yeux ; chaque arbre était un objet de respect. J'admire aujourd'hui, avec l'homme blanc, un paysage peint dont la valeur est estimée en dollars ! C'est ainsi que l'Indien est reconstitué, comme des pierres naturelles qui, réduites en poudre, sont reformées en blocs artificiels pour aller construire les murs de la société moderne.

Les premiers Américains tempéraient leur fierté d'une singulière humilité. L'arrogance spirituelle était étrangère à leur nature et à leur enseignement. Ils n'ont jamais prétendu que le pouvoir de la parole articulée était une preuve de supériorité sur la création muette ; la parole était pour eux un cadeau empoisonné. Ils croient profondément au silence — signe d'une harmonie parfaite. Le silence est l'équilibre absolu du corps, de l'esprit et de l'âme. L'homme qui préserve l'unité de son être reste calme et inébranlable devant les tourments de l'existence — pas une feuille ne bouge sur l'arbre ; aucune ride à la surface de l'étang qui brille — telle est, pour le sage illettré, l'attitude idéale pour la conduite de la vie.

Si vous lui demandez : « Qu'est-ce que le silence ? », il répondra : « C'est le Grand Mystère ! Le silence sacré est sa voix ! » Si vous lui demandez : « Quels sont les fruits du silence ? », il dira : « La maîtrise de soi, le vrai courage ou la persévérance, la patience, la dignité et le respect. Le silence est la pierre angulaire du caractère. »

SOURCES DES TEXTES

LE SOLEIL DU MATIN, LA DOUCE TERRE NOUVELLE ET LE GRAND SILENCE

p. 9 : les mots de Black Hawk sont tirés de l'*Autobiography of Black Hawk as dictated by himself to Antoine Le Clair*, 1833, Historical Society of Iowa (éd. J.B. Patterson). Nouvelle édition : American Publishing Company, Rock Island, Illinois, 1912 (avec une introduction de James D. Rishell), p. 62-63.

p. 11 : proverbe winnebago cité dans *Prairie Smoke* de Melvin Randolph Gilmore, Bismarck, North Dakota, 1921, p. 9.

p. 11 : citation d'un chef indien au gouverneur de Pennsylvanie. (Cf. *To Serve the Devil*, vol. I, « Natives and Slaves », par Paul Jacobs et Saul Landau avec Eve Pell, Vintage Books, New York, 1971, p. XXVII.)

p. 13-14 : chef Luther Standing Bear, *Land of the Spotted Eagle*, Houghton Mifflin, Boston et New York, 1933, p. 192-197.

p. 15-16 : Charles Alexander Eastman (Ohiyesa), *The Soul of the Indian*, Houghton Mifflin, Boston, 1911, p. 163.

p. 16-17 : Lawrence Kip, *The Indian Council in the Valley of the Walla Walla*, 1855, p. 22.

p. 17-20 : comptes rendus des séances de la New Jersey Historical Society, Nouvelles Séries, vol. 13, 1928, p. 477-479.

p. 20 : Ethel Brant Monture, *Canadian Portraits. Brant, Crowfoot, Oronhyatekha, Famous Indians*, © 1960 par Clarke, Irwin & Company, Ltd, Toronto, p. 120.

p. 21-22 : les paroles de la vieille femme Wintu sont tirées du livre de Dorothy Lee, *Freedom and Culture*, Prentice Hall, Englewood Cliffs, New Jersey, 1959, p. 163-164. Avec la permission de l'auteur.

p. 22-24 : Frances Densmore, *Teton Sioux Music*, bulletin 61 du bureau d'Ethnologie américaine, Washington D.C., 1918, p. 207-208.

p. 25-28 : *ibid.*, p. 172-173.

p. 28-29 : N. Scott Momaday, *The Way to Rainy Mountain*, Copyright 1969, The University of New Mexico Press, p. 5.

p. 29-30 : Natalie Curtis, *The Indian's Book*, Harper & Brother, New York et Londres, 1907, nouvelle édition : Dover Publications, 1968, New York, p. 11.

p. 31 : Grant MacEwan, *Tatanga Mani, Walking Buffalo of the Stonies*, M.J. Hurtig Ltd, Edmonton, Alberta, 1969, p. 5 et 181.

p. 32 : Knud Rasmussen, « Intellectual Culture of the Iglulik Eskimos », *Report of the Fifth Thule Expedition*, 1921-1924, vol. 7, n°s 1-3, Copenhague, 1930, p. 122-123.

p. 33 : les paroles du chef Seattle proviennent de *The Washington Historical Quarterly XXII*, n° 4 (octobre 1931), The Washington University State Historical Society, Seattle, Washington.

p. 35-36 : Zephyrin Engelhardt, *San Luis Rey Mission*, James H. Barry, San Francisco, 1921, p. 192 (cité dans Louis Thomas Jones, *Aboriginal American Oratory : The Traditional Eloquence Among the Indians of the United States*, Southwest Museum, Los Angeles, 1965.)

p. 36-37 : Helen Addison Howard, *War Chief Joseph*, The Caxton Printers, 1941, p. 85.

p. 37-39 : Chief Seattle, *The Washington Historical Quarterly XXII*, n° 4, octobre 1931, The Washington University State Historical Society, Seattle, Washington.

p. 39-40 : Jonathan Carver, *Travels Through the Interior Parts of North America in the years 1766, 1767, and 1768*, Dublin, 1779, p. 374-375. (Cité dans Benjamin H. Bissell, *The American Indian in English Literature of the 18th Century*, Yale University Press, New Haven, 1925.) Pour un débat sur la paternité de ce texte voir E.G. Bourne « The travels of John Carver », dans l'*American Historical Review*, Janvier 1906, p. 287.

p. 41-42 : William W. Warren, *History of the Ojibways, based upon Traditions and Oral Statements*, 1885 ; nouvelle édition : Ross & Haines, 1957, History of the Ojibway Nation, p. 72-73.

p. 43 : les paroles de Mato-Kuwapi sont tirées du livre de Densmore, *Teton Sioux Music*, p. 95-96.

p. 45-46 : Eastman (Ohiyesa), *The Soul of the Indian*, p. 45.

p. 46 : James Owen Dorsey, *A Study of Siouan Cults*, 11e rapport annuel du bureau d'Ethnologie, 1889-1890, Washington, D.C., 1894, p. 435. Voir pour informations complémentaires Waldemar Bogoras, *Primitive ideas of Space and Time*, dans l'*American Anthropologist*, N.S. 27, 1925.

p. 47-48 : Densmore, *Teton Sioux Music*, p. 95-96.

p. 49-50 : Franz Boas, *Ethnology of the Kwakiutl* (d'après des documents réunis par George Hunt), 35e rapport annuel du bureau d'Ethnologie américaine, 1913-1914, Washington, D.C., 1921, p. 617, 618 et 619. Les renseignements de la note d'introduction viennent d'Erna Gunther, *Further Analysis of the First Salmon Ceremony*, University of Washington Press, Seattle, 1928, p. 142.

p. 51-52 : *Black Elk Speaks, Being the Life Story of a Holy Man of the Oglala Sioux*, telle qu'elle fut racontée à John G. Neihardt, Copyright 1961, University of Nebraska Press, Lincoln, 1961, p. 198-200. Reproduit avec permission. Traduit aux Éditions Traditionnelles. 1969.

p. 52-53 : Curtis, *The Indian's Book*, p. 49.

L'HOMME BARBU QUI VIENT DE L'EST

p. 55 : chef Luther Standing Bear, *Land of the Spotted Eagle*, p. XIX.

p. 57 : ces paroles de Sitting Bull sont tirées de *Sitting Bull, Champion of the Sioux*, de Stanley Vestal, Houghton Mifflin, Boston et New York, 1932, p. 97.

p. 59-62 : Père Christian Le Clercq, *New Relation of Gaspesia, with the Customs and Religion of the Gaspesian Indians*, traduit et présenté par William F. Ganong, The Champlain Society, Toronto, 1910, p. 104-106.

p. 63-64 : Rueben Gold Thwaites, *Lahontan's New Voyages to North America*, McClurg, Chicago, 1905, vol. 2, p. 533.

p. 64-65 : George Bird Grinnell, *Pawnee Hero Stories and Folk Tales*, Forest and Stream Publishing Company, New York, 1889 ; nouvelle édition : University of Nebraska Press, Lincoln, 1961, p. 258-259.

p. 65-66 : cité dans le livre de Dee Brown, *Bury My Heart at Wounded Knee*, Holt, Rinehart and Winston, New York, 1970, p. 316. Traduit chez Stock en 1973.

p. 66-67 : Helen Addison Howard, *War Chief Joseph*, The Caxton Printers, 1941, p. 84.

p. 68 et 68-69 : Samuel G. Drake, *Biography and History of the Indians of North America*, 3e édition, O.L. Perkins and Hillard, Gray & Company, Boston, 1834, Livre I, Chapitre 35, p. 27.

p. 70-73 : Norman B. Wood, *Lives of Famous Indian Chiefs*, American Indian Historical Publishing Company, Aurora, Illinois, 1906, p. 254-256 ; et William L. Stone, *Life and Times of Sa-Go-Ye-Wat-Ha, or Red Jacket*, Wiley & Putnam, New York et Londres, 1841, p. 189-193.

p. 73-75 : William L. Stone, *Life and Times*, p. 334, voir aussi de F.W. Hodge, *Handbook of American Indians North of Mexico*, bulletin n° 30 du bureau d'Ethnologie américaine, 1907, vol. 2, p. 360-363.

p. 75-76 : M. I. McCreight, *Firewater and Forked Tongues, a Sioux Chief Interprets U.S. History*, Trail's End Publishing Company, Pasadena, 1947, p. 61.

p. 76-77 : Samuel Griswold Goodrich, *Lives of Celebrated American Indians*, Bradbury, Soden, Boston, 1843, p. 179-180.

p. 81 : tradition orale des Delawares consultée dans le livre de John Heckewelder, *History, Manners and Customs of the Indian Nations Who Once Inhabited Pennsylvania and the Neighboring States*, mémoires de la Société d'Histoire de Pennsylvanie, 1876, p. 77.

p. 83-85 : *Black Elk Speaks*, p. 8, 9, 62 et 217.

p. 85-86 : Katherine C. Turner, *Red Men Calling on the Great White Father*, University of Oklahoma Press, 1951, p. XIII. Reproduit avec permission. Voir aussi *Nile's Weekly Register*, 36, n° 36 (20 juin et 11 octobre 1829).

p. 86 : Curtis, *The Indian's Book*, p. 329.

p. 87 : W.F. Johnson, *Life of Sitting Bull and History of the Indian War of 1890-1891*, Edgewood Publishing Company, 1891, p. 201-202.

p. 88-90 : dossiers des Affaires indiennes, Lettres diverses, 1812-1869, R.G. 10, vol. 626, 627, 628, Les Archives Publiques du Canada, Ottawa.

p. 90-91 : Thomas Jefferson, *The Writings of Thomas Jefferson*, Taylor and Maury, Washington, D.C., 1854, vol. 8, p. 308-309.

p. 92 : Heckewelder, *Indian Nations*, p. 81.

p. 93-94 : George P. Donehoo, *Carlisle and the Red Men of Other Days*, cité dans *The American Indian*, vol. 4, n° 5, février 1930.

p. 94-96 : Drake, *Biography and History*, p. 100-101.

p. 96 : cité dans *The American Indian*, vol. 3, n° 11, août 1929.

p. 97 : Charles H.L. Johnston, *Famous Indian Chiefs*, L.C. Page, Boston, 1909, p. 380.

p. 98-99 : cité dans le livre de Jacobs et Landau *To Serve the Devil*, vol. I, p. 3 et 4.

p. 99-100 : John Peter Turner, *The North West Mounted Police* 1873-1893, 2 vol., King's Printer and Controller of Stationery, Ottawa, 1950, vol. I, p. 368. Reproduit avec la permission d'Information du Canada.

p. 101-102 : Archives publiques du Canada, parmi les papiers confidentiels du ministère de la Justice se rapportant au procès de Louis Riel tel qu'il y est fait référence par G.F.G. Stanley dans *The Birth of Western Canada*, University of Toronto Press, Toronto, 1960.

p. 102-103 : Charles Alexander Eastman (Ohiyesa), *Indian Heroes and Great Chieftains*, Little, Brown, Boston, 1918, p. 102.

p. 104-106 : *Answer to Report of the Honorable Dawes Commission*, par les nations indiennes Choctaw et Chickasaw, Pamphlets, nº 7.

p. 107 : chef Luther Standing Bear, *Land of the Spotted Eagle*, p. 250.

p. 109-110 : Lewis H. Morgan, *League of the Ho-De-No-Sau-Nee or Iroquois*, Dodd Mead, New York, 1904, livre 3, p. 104-105. Cité aussi par Jacobs et Landau dans *To Serve the Devil*, vol. I, p. 62-63.

p. 111-112 : Frank B. Linderman, *Plenty-Coups, Chief of the Crows*, University of Nebraska Press, 1962, p. 227-228 ; lire aussi de Charles Hamilton, *Cry of the Thunderbird*, Macmillan, New York, 1950, sous le titre de William J. Harsha. Pour détails autobiographiques voir Norman B. Wiltsey, *Plenty Coup : Crow Chief* dans Montana, le Magazine de l'Histoire de l'Ouest 13, nº 4 (septembre 1963), p. 28-39.

p. 113-116 : chef Luther Standing Bear, *Land of the Spotted Eagle*, p. 189-191.

p. 116 : MacEwan, *Tatanga Mani*, p. 6.

p. 117 : chef Luther Standing Bear, *Land of the Spotted Eagle*, p. 248.

p. 118 : Simmons, *Sun Chief*, p. IX, X (avant-propos). Traduit chez Plon en 1959.

p. 118-119 : Eastman (Ohiyesa), *The Soul of the Indian*.

Le soleil du matin, la douce terre nouvelle et le grand silence 9

L'homme barbu qui vient de l'est 55

Sources des textes 121

Composition : IGS-CP à L'Isle-d'Espagnac (16)
Achevé d'imprimer par Novoprint, à Barcelone
le 2 septembre 2015
Dépôt légal : septembre 2015

ISBN : 978-2-07-046642-9 / Imprimé en Espagne

287784